코퍼스로 길들이는

전치사

민덕기 · 김현진 지음

한빛문화

본 책의 활용법

우리는 생물학적으로 유전자와 사회학적으로 문화에 의해 규정받는다. 이 중 생물학적 규정은 유전자, 즉 'gene(진)'에 의해 발생하고 문화적 규정은 문화 전달 정보인 'meme(밈)'에 의해 발생하는 것으로 본다. 바로 학습이라는 행위 또한 일종의 밈의 복제화의 산물로, 자신이 체득한 사회적 모방행위의 결과 일어난 것이다.

이 말은 현재 내가 공부하는 방법은 내가 창안해 실행하고 있다기 보다는 우리가 성장하면서 주변에서 보고, 관찰한 내용을 수도 없이 반복적으로 따라 하기를 통해 내 몸에 익어버린 것으로 볼 수 있다는 것이다.

본 책은 학습에 있어 새로운 문화적 밈을 만들어 볼 것을 권한다. 책의 태생부터 남다르다. 대규모 미국영어 테이타 뱅크인 코카(Corpus of Contemporary American English)와 저자들이 직접 구축한 소규모 교육용 코퍼스들을 활용해 전치사의 의미별 사용 사례문을 하나하나 검색을 하며 찾아내었다. 영어의 세계에서 가장 중요하다는 명사, 동사, 형용사, 전치사 중 전치사의 쓰임의 특성을 코카(COCA)와 소규모 교육용 코퍼스라는 일종의 새로운 인지도구(cognitive tool)를 활용해 검색, 출현, 분류, 정리한 결과가 이 책인 것이다.

본 책을 사용하는 이들은 우선 자신의 해당 전치사의 사용능력을 진단하고 장을 넘겨 의미별 사례문을 소리를 내며 읽고, 다시 해당 전치사의 쓰임의 특성을 연습문항을 통해 확인 후 직접, COCA사이트에 접속해 전치사별, 각장의 끝에 제시한 '코카세션'에서 안내해 주는 방식을 참고해 궁금한 것을 입력해 자기주도적으로 출현한 결과를 보며 전치사 쓰임의 특징을 하나씩 분석, 그 사용의 패턴을 익혀 줄 것을 권한다.

2017. 1.25. 민 덕 기, 김 현 진

목차

AT

Have a lovely day at school.
특정한 장소
We must go at once.
관용어
She is good at sports.
관련 분야
She had to sell her car at a terrible price.
가격 속도 단계
She learned to read quite early at an incredible rate.
at
공간적 방향적 시간적 조우적
시간
The forest is not safe at this time.
목표 방향
Look at this family.
상황 양태
I don't recall seeing Mr.Kim at dinner.

PREVIEW

다음 문장을 읽고 전치사 at이 다음 a~h 중 어떤 의미로 쓰였는지 생각해보세요.

정답은 뒷면에서 확인하세요. ☞

1. She starts work **at** 9, and finishes **at** 5:30.

2. A: Where were you last night?
   B: I was **at** a play.

3. She's mad **at** me because I forgot to feed the cats yesterday.

4. He was waiting **at** the bus stop.

5. A: Am I that bad **at** handling people?
   B: You're marvellous!

6. I don't understand why she shouted **at** me.

7. Her old books were selling **at** 10 cents each.

8. I'll meet you **at** midnight.

a. price, rate, level, age, speed
b. directed towards or intended for
c. during a particular period of time
d. exactly when something happens
e. exactly where something or someone is
f. what or who causes an action or feeling
g. subject or activity you are talking about
h. what event or activity someone is taking part in

CHECK IT

1. She starts work **at** 9, and finishes **at** 5:30.
   그녀는 9시에 일을 시작해서 5시 30분에 일을 마친다.
   (exactly when something happens)

2. A: Where were you last night?
   B: I was **at** a play.
   A: 어젯밤 어디 있었어?
   B: 연극을 보고 있었지.
   (what event or activity someone is taking part in)

3. She's mad **at** me because I forgot to feed the cats yesterday.
   그녀는 내가 어제 고양이 먹이 주는 것을 잊어서 나에게 화가 났어.
   (what or who causes an action or feeling)

4. He was waiting **at** the bus stop.
   그는 버스 정류장에서 기다리고 있었다.
   (exactly where something or someone is)

5. A: Am I that bad **at** handling people?
   B: You're marvellous!
   A: 내가 그렇게 사람들을 다루는게 서툴러?
   B: 너는 대단해!
   (subject or activity you are talking about)

6. I don't understand why she shouted **at** me.
   그녀가 왜 나에게 소리를 질렀는지 이해가 안돼.
   (directed towards or intended for)

7. Her old books were selling **at** 10 cents each.
   그녀의 낡은 책들은 한권에 10센트씩 팔리고 있었다.
   (price, rate, level, age, speed)

8. I'll meet you **at** midnight.
   오늘밤 자정에 너를 만날거야.
   (during a particular period of time)

'at'은 어떠한 대상과 그 대상의 위치파악에 도움이 되는 대표적인 건물과 같은 표지와의 관계가 모호하며 묘사하기 어렵다. 전치사는 대상의 위치 파악에 기준이 되는 표지의 관계로 기본적인 의미가 결정되는데 'at'의 경우에는 그 관계가 모호하다. 결국 대상과 표지가 개념적으로 교차(conceptual interaction)된 것으로 전치사 'at'의 어휘적 의미를 파악하는 것이 최선이다. 이를 Brala(2000)는 '지점 유사성'(point-likeness)이라는 개념을 도입하여 '조우'(coincidence)라는 의미로 'at'의 의미를 분류하였다. 대상과 표지가 어떻게 공동의 위치 또는 유사한 위치에서 조우하느냐에 따라 전치사 'at'의 의미 사용 특성을 공간적 조우(spatial coincidence)(예, He stopped at page 7), 방향적 조우(directional coincidence)(예, look at, throw at, mad at you), 기능적 조우(functional coincidence)(예, Lorna at her desk, She is at work) 그리고 시간적 조우(temporal coincidence)(예, at 3 o'clock)로 구분할 수 있다.

① 특정한 장소를 나타내는 at

· He was held **at** the gate for four hours.
  그는 정문 앞에서 4시간 동안 억류되어 있었다.
· If you're **at** camp, play fun games with your friends.
  만일 캠핑을 간 것이라면 친구들과 재미있는 게임을 즐기세요.
· There were a great many attic rooms **at** the top of the palace.
  궁전의 꼭대기에는 많은 다락방이 있었다.
· Soon the man grew tired, he sat down to rest **at** the foot of the big tree.
  곧 피곤해진 그는 큰 나무의 발치 아래 앉아 쉬었다.
· He was just falling asleep when all the birds started to sing and the sun peeped in **at** the window.
  모든 새들이 지저귀기 시작하고 태양은 빼꼼히 창안을 비출 때 그는 막 잠이 들기 시작했다.

'at'은 장소에서 '한 지점'을 말한다. 'at'의 사용 시 주의를 기울여야 할 것이 'at'은 사건(event)을 가리킬 때도 사용한다는 점이다. 이와 같이 사용될 때 종종 이 쓰임을 장소로 이해하는 경향이 있는데 이러한 쓰임은 장소를 가리키는 것이 아니다.

· I'm at the lecture.
· I'm at a meeting.
· I'm at a concert(관객으로서)./ I'm in a concert(연주자로서).

다른 하나는 online을 사용할 때 많은 학생들이 이를 장소로 이해해 'at, on, in'과 같이 사용하는 경향이 있는 듯하다. 아래의 사례문이 그 것을 보여준다.

· Instead of using paper reports, teachers are able to announce and notify at the online.(X)
· Students can't fully concentrate on the content in online.(X)

하지만 실제 online 사용 사례문을 보면 아래와 같다.

· The text of this report can be found online at 203;237;254.
· I don't have time to debate it. Go online in our online area.
· The text of this report can be found online at 26;1794;237.

즉, 'Go home.' 문장에서의 home과 같이 online도 부사로 사용되고 있는 것이다. 차이점은 at home은 가능하지만 at online이라고는 사용하지 않는다.

② 목표/방향을 나타내는 at

이른바 방향적 조우를 말한다.

· It can hurt if someone **throws** something **at** you.
  누군가가 당신을 향해 무언가를 던지면 다칠 수 있다.

· I would advise you not to **shout at** your mom like that.
너의 엄마에게 그렇게 소리를 지르지 말라고 충고하고 싶구나.
· What you are **looking at** are my memories.
당신이 보고 있는 것이 나의 비망록입니다.
· Why are they all **staring at** us? Maybe they think you look funny.
저 사람들이 왜 우리를 보고 있는 거지? 아마도 네가 재미있게 생겼다고 생각해서 일거야.

'at'은 어떤 동작이 행해지는 방향, 목표를 나타낸다. 따라서 특정한 장소를 나타날 때와는 달리 이 경우는 집중적으로 동사와 함께 사용되며 특히 높은 빈도로 함께 사용 되어지는 동사들이 있다. 대표적으로 look, throw, shout, rush, strike 등이 있다. 간혹 point와 at을 함께 사용하는 사례를 보이는 데 point는 아래 예문처럼 전치사 'to'와 함께 보다 빈번히 사용된다.

· Point to the person.
· They point to the fact that the attacks occur at night.

'at'의 사용에 관해 우리가 가장 많이 사용하는 잘못된 표현 중 하나가 'look at the mirror'가 아닌가 싶다. 하지만 '거울을 보다'라는 표현은 영어로 아래와 같다.

· Will you **look into the mirror?**
· When you **look in the mirror**, there are 2 of you.
· She looked at herself **in the mirror.**
· He puts it on, **stares** at himself **in the mirror.**

③ 상황/양태 또는 상태

기능적 조우(functional coincidence)의 의미로 사용되어지는 경우이다.

· The two countries are **at war.**
두 나라는 전쟁 중이다.
· Gloria was sitting **at attention.**
글로리아는 주의 깊게 앉아 있었다.
· It was breakfast time, and everyone was **at table.**
아침식사 시간이라 모두 식사중입니다.
· He is **at perfectly liberty** to kiss whoever he likes.
그는 자신이 좋아하는 누구라도 키스를 할 수 있는 자유가 있습니다.
· There are other forces **at work** in the world than the will of evil.
세상엔 악마의 의지 외에 작동하는 또 다른 힘이 있습니다.

위의 사례들은 'at'이 어떤 일이 진행 중임을 나타낸다. 이러한 쓰임은 아마도 우리가 가장 익숙하지 않은 'at'의 쓰임일 것이다. 하지만 at+noun의 방식으로 상태나 상황을 영어에서는 표현한다. 그 사용의 빈도를 확인하기 위해 대규모 영어 데이타뱅크인 COCA(Corpus of Contemporary American English)에서 at+noun형태의 'collocation(연어법)' 중 사용빈도 상위 100위까지를 추출해 보았다. 그 중 상태나 진행 중임을 가리키는 명사가 아래와 같이 제시되었다.

at work 직장에서, 일하고 있는	at risk 위기에
at stake 위태로운	at hand 가까이에 있는
at odds 불화하는	at war 전쟁 중인
at ease 휴식 중	at bay 궁지에 몰린
at issue 문제가 되고 있는	at heart 마음속으로는
at peace 안심하고	at birth 태어났을 때는
at play 놀고 있는	at fault 당황해서, 잘못해서
at magnitude 대단한 규모로	at rest 휴식 중
at gunpoint 위협을 받고 있는	at liberty 자유로운
at attention 주위 깊은	at peak 절정의 상태

이와 같이, 상태를 나타내는 at+noun의 표현은 일부 현재 진행형으로 표현을 할 수 있다.

· She is at work=> She is working.
· In the morning, they are at breakfast table.=> They are having breakfast.

④ 시간

시간적 조우(temporal coincidence)를 가리킨다.

· The train leaves **at exactly 11 o'clock.**
기차는 정확히 11시에 떠난다.
· Students have the right to walk about the school **at night.**
학생들은 저녁에도 학교 내를 걸어다닐 수 있는 권리가 있다.
· **At the end of the year**, the student with the most points is awarded.
연말에 가장 많은 점수를 받은 학생에게 상이 수여된다.
· Minsu and his friends were simply in the wrong place **at the wrong time.**
민수와 그의 친구들은 단지 잘못된 시간에 잘못된 장소에 있었던 것이다.
· My mom was always there for me **at a time** when no one else was.
어머니께서는 아무도 없을 때도 나를 위해 언제나 그 곳에 계셨다.
· I went home both **at Thanksgiving and at Christmas.**
나는 크리스마스 때와 감사절에 집에 갔다.

'at'은 한 시점을 말한다. 하지만 크리스마스나 감사절 때와 같은 일종의 사건(event)도 'at'과 함께 나타낸다. 우리가 자주 저지르는 실수는 크리스마스와 같은 특별한 날을 on Christmas와 같이 쓰는 것이다. 일부 그와 같이 사용하기도 하지만 정확하게는 on Christmas day, on Christmas Eve, on Christmas morning, on Christmas night, on Christmas 2017과 같이 또 다른 시점을 나타내는 말과 함께는 at 보다는 on을 사용한다는 점이다.

⑤ 가격/속도/단계

· She offered a dyed red **at half price** during the first month.
그녀는 첫째 달에 빨강 염색을 반값으로 해 주었다.

· Snails slither slowly **at a snail's pace.**
달팽이는 아주 느린 속도로 천천히 미끄러져 앞으로 나아갔다.

· I just don't think anyone **at this level** is taking that risk.
내 생각에는 이 정도의 수준에 있는 사람이 이러한 위험을 택하지는 않을 것이다.

· That is the part of shore that is covered with water **at high tide**, and uncovered **at low tide.**
이 지역의 해안이 밀물일 때 물이 차고 썰물일 때 물이 차지 않는다.

· She's depleting her savings **at a rate of** 12% a year.
그녀는 연간 12퍼센트 정도 자신의 저축을 고갈시키고 있다.

· My clothes are **at the height of fashion**. The townfolk will be impressed.
내 옷은 최고 수준의 패션이니 마을 사람들이 놀라워 할 것이다.

'at'은 가격, 속도, 단계 등을 나나낼 때 사용한다. 위의 예문에서는 구체적인 숫자는 사용하지 않았지만 숫자와 함께 at 20,000 won과 같이 구체적으로 사용할 수도 있다. 아마도 'at'과 함께 많이 사용하는 것이 'at the eye level of children (아이들의 눈높이에 맞춰)'라는 것일 것이다. 이 경우 우리가 종종 실수 하는 것이 'at an eye level'과 같이 부정관사를 사용하는 것인데 부정관사를 사용하지 않는 점에 주의를 해야 할 것이다. 아래 몇 개의 예문을 추가한다.

· I bent down to look at her **from the same eye level** as Yaena.

· These should be placed **at the eye level** of an adult.

· I was by slowly approaching the dog and interacting with him **at eye level** to be less threatening.

마지막으로 교양이 될 만한 정보.

· Children learn better in single-sex environments and that single-sex education lets kids mature **at their own pace.**

⑥ 관련 분야

· He **was good at** climbing trees.
그는 나무를 잘 탄다.
· The city **was poor at** basic urban facilities such as water and sewerage.
그 도시는 상수도와 하수도 같은 기본적인 도시 시설이 열악하다.
· She **is good at** her job. 그녀는 자신의 직업에 능숙하다.
· He **is better at** just about everything else than I am.
그는 나보다 거의 모든 것에 있어 낫다.
· I wasn't terribly happy **at making money.** 나는 돈을 버는 것이 전혀 행복하지 않다.
· You **were so good at** making people think. 넌 사람들을 생각하게 하는 데 능숙하다.

이 경우의 'at'은 일종의 평가 또는 판단의 대상과 관련되어 누구누구는 무엇을 잘하고 무엇을 못한다라는 표현에 사용되는 것이다. 그 평가의 대상은 주로 사람이지만 두 번째 사례문과 같이 비생명체도 가능하다.

⑦ 관용어

· He crawled into bed and fell asleep **at once.**
그는 침대로 기어 올라가자마자 **곧바로** 골아 떨어졌다.
· **At first** I didn't know what she wanted.
처음엔 나는 그녀가 무엇을 원하는지 몰랐다.

· I don't think it'll hurt **at all.**
나는 그 것이 아플 것이라고는 **전혀** 생각지 않았다.
· His hearing loss persists for **at least** 1 year.
그의 청각상실은 **적어도** 일년은 갔다.
· I had 20 one-on-one meetings with students, **at most** 15 minutes each.
나는 1대1로 20번의 학생들과의 미팅이 있었고 **기껏해야** 일인당 15분씩이었다.
· He said that marriage is **at best** a dangerous experiment.
그는 결혼은 **기껏해야** 위험한 실험이라고 말했다.
· I would say a matter of months, **at worst** at the end of the year.
나는 몇 개월 정도 **아무리 나빠도** 올해 연말이면 될 것이라 말했다.

'at'은 이와 같이 관용적으로 쓰일 때는 극한을 나타내는 의미로 많이 쓰여진다.

코카세션

이제까지 'at'의 쓰임을 7가지 의미의 분류를 중심으로 살펴보았다. 각 의미군별 그 쓰임의 특성에 대해 보다 더 깊게 탐구하고자 원할 때 자기주도적으로 탐색, 분류, 정리할 수가 있는데 코퍼스의 사용이 매우 효과적이다. 예를 들어, 'at'의 사용 중 3번째의 쓰임은 일종의 추상적 쓰임이라 볼 수 있다. 이는 평소 그 쓰임에 관심을 갖고 기록, 관리, 분류하는 습관을 키울 때 그 쓰임의 특성을 익힐 수 있는 것이다. 다시 말해 자기주도 학습능력을 유지할 때 내 것으로 만들 수 있다는 것인데, 자기주도 학습능력도 키울 겸 학습에 도움이 되는 인지도구(cognitive tool)의 사용법을 익혀 그 것의 사용을 통해 자신의 인지능력을 확장시키는 계기가 되었으면 좋겠다 싶어 여기서 코퍼스를 소개하겠다. http://corpus.byu.edu/coca/, 이 사이트는 미국영어의 대규모 전자사전, 즉 미국영어 코퍼스를 사용할 수 있는데 다음 그림 1과 같이 검색창 중 위 메뉴 'LIST'를 선택하고 검색창 안에 전치사 'at'을 입력하고 검색창 오른쪽 옆 'POS',즉 'Part of Speech'의 메뉴 중 모든 명사 [nn*]를 선택해 'Find matching strings'를 클릭하면 그림 2와 같은 결과가 제시된다. 이는 at+명사의 사용 사례 중 상위 100위까지의 출현 결과 중 24위까지를 제시한 것이다. 이 중 'at'의 추상적 사용의 사례인 상태 또는 상황을 나타내는 전치사구 단위의 표현들로 "at work, at risk, at stake, at hand, at odds, at war, at ease, at bay, at issue, at peace"와 같은 것들을 추출, 정리할 수 있다. 문장 단위의 구체적 사용 사례문을 보고 싶다면 해당 전치사구를 클릭하면 그림 3과 같은 풍부한 사용 사례문을 볼 수 있다.

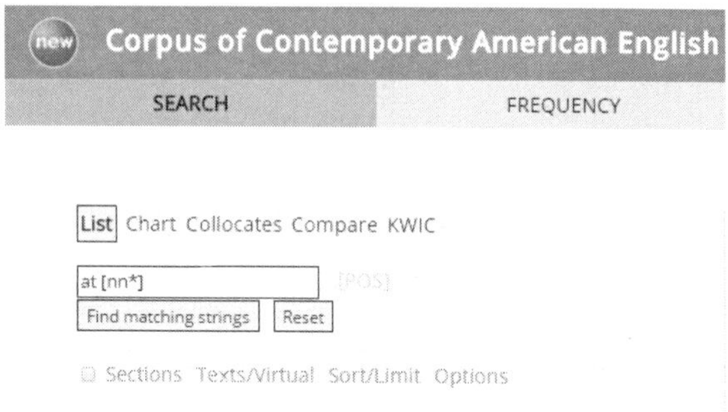

<그림 1> 'at+모든 명사' 검색을 위한 COCA의 검색창

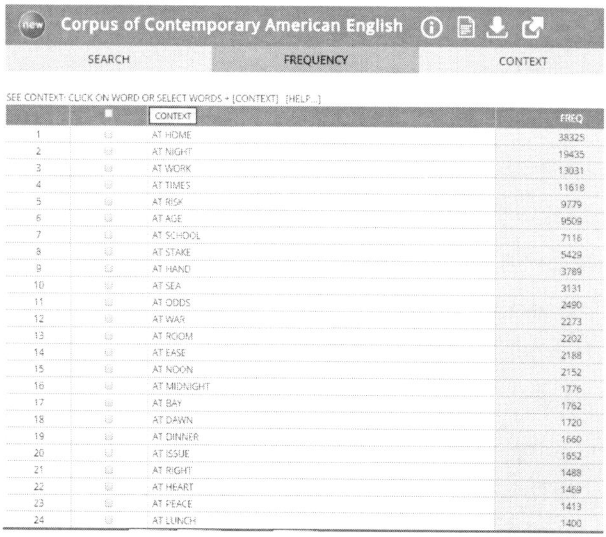

<그림 2> 'at+명사'의 출현 결과

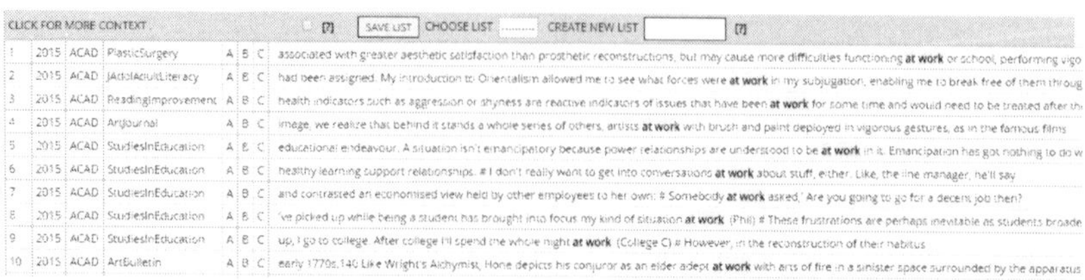

<그림 3> 전치사구 'at work'의 사용 사례문

같은 방식으로 6번째 쓰임, 관련분야의 사용의 빈도를 확인하기 위해 그림 4와 같이 'be동사+형용사+at(_vb* _j* at)' 형태의 'List' 중 사용빈도 상위 100위까지를 추출해 보았다. 구어 영역의 검색 결과 감정을 묘사하는 표현 단위와 관련분야의 평가로 구분할 수 있었다. 표 1과 같이 정리할 수 있다.

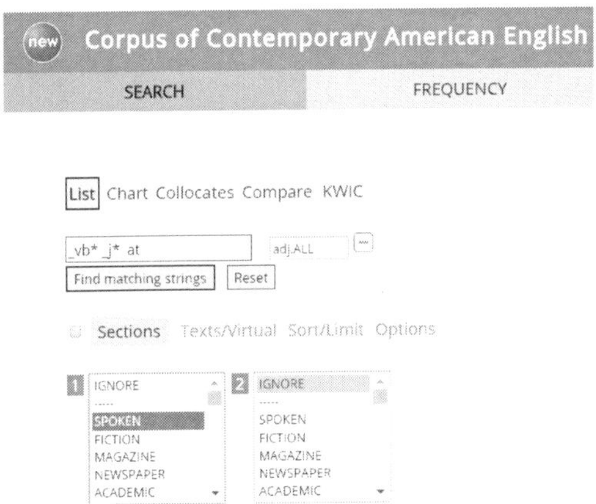

<그림 4> 'be동사+형용사+at' 검색을 위한 검색창

<표 1> 'be동사+형용사+at' 검색결과

감정표현	be free at
be mad at	be outraged at
be surprised at	be concerned at
be angry at	be clear at
be live at	be happy at
be amazed at	관련분야 평가
be shocked at	be good at
be true at	be right at
be hard at	be better at
be sure at	be great at
be furious at	be successful at
be light at	be best at

결과적으로 감정을 표현하는 사례가 보다 더 많았다. 이와 같이 코퍼스를 사용함으로서 궁금함, 호기심이 일 때마다 자기주도적인 검색을 통해 유사한 듯하나 차이가 있는 'at'의 추상적 쓰임의 특성을 파악, 익혀나갈 수 있을 것이다. 영어의 특성 중 하나인 어휘사용의 다의적인 측면은 이와 같이 유용한 검색도구를 활용하며 그 구체성을 사례를 통해 파악해 나가는 것이 최선일 것이다.

ON

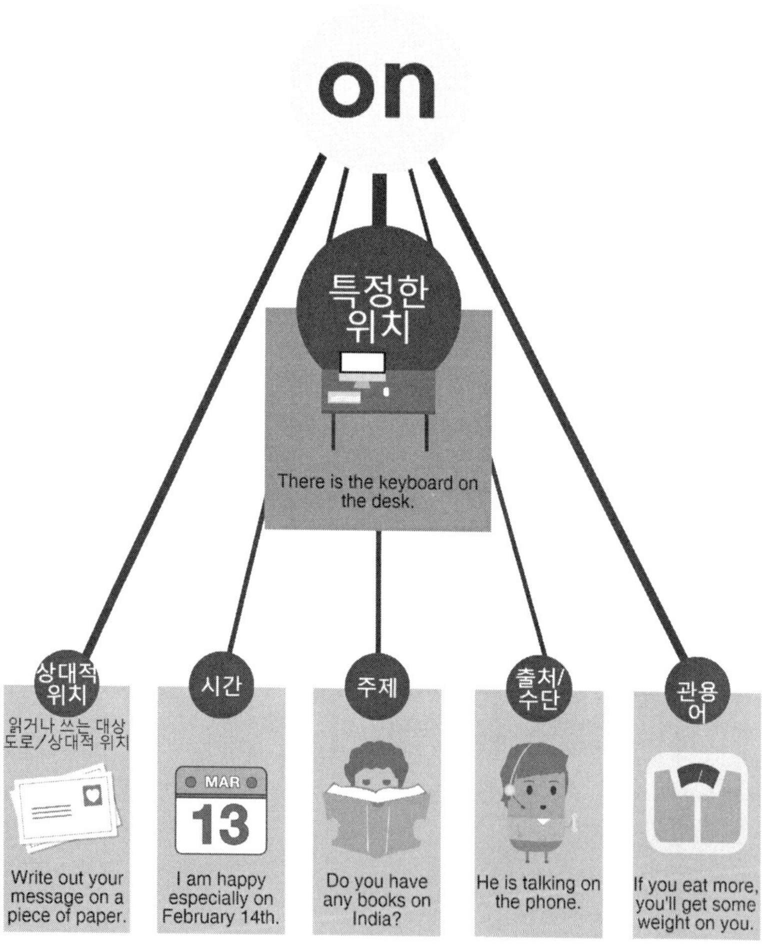
on
특정한 위치
There is the keyboard on the desk.
상대적 위치
읽거나 쓰는 대상도로/상대적 위치
Write out your message on a piece of paper.
시간
MAR
13
I am happy especially on February 14th.
주제
Do you have any books on India?
출처/수단
He is talking on the phone.
관용어
If you eat more, you'll get some weight on you.

PREVIEW

다음 문장을 읽고 전치사 on이 다음 a~j 중 어떤 의미로 쓰였는지 생각해보세요.

정답은 뒷면에서 확인하세요. ☞

1. People were sitting **on** the grass.
2. The man suddenly punched him **on** the nose.
3. Look at the picture **on** page 19.
4. You'll see the police office **on** your left.
5. Dogs must always be kept **on** a lead in built-up areas.
6. I was born **on** August 27th.
7. Raising taxes **on** tobacco is a cost-effective way of reducing tobacco use.
8. My son has been **on** the computer all afternoon.
9. He made it clear that strike action was not **on** the agenda.
10. My father is often away **on** business trips.

a. included
b. attached
c. position
d. day/date
e. on a surface
f. written/shown
g. activity/journey
h. using equipment
i. part hit/touched
j. affecting/relating to

CHECK IT

1. People were sitting **on** the grass.
   사람들이 풀밭에 앉아있었다.
(on a surface)

2. The man suddenly punched him **on** the nose.
   그 남자는 갑자기 그의 코를 때렸다.
(part hit/touched)

3. Look at the picture **on** page 19.
   19쪽에 있는 그림을 보세요.
(written/shown)

4. You'll see the police office **on** your left.
   오른쪽에 경찰서가 보일 겁니다.
(position)

5. Dogs must always be kept **on** a lead in built-up areas.
   시가지에서 개들은 항상 줄에 매어 두어야 한다.
(attached)

6. I was born **on** August 27th.
   나는 8월 27일에 태어났다.
(day/date)

7. Raising taxes **on** tobacco is a cost-effective way of reducing tobacco use.
   담배세 인상은 담배 사용을 줄이는 비용효율이 높은 방법이다.
(affecting/relating to)

8. My son has been **on** the computer all afternoon.
   우리 아들은 오후 내내 컴퓨터를 하고 있다.
(using equipment)

9. He made it clear that strike action was not **on** the agenda.
   그는 파업 행동이 의제에 포함되어 있지 않음을 명확히 했다.
(included)

10. My father is often away **on** business trips.
   우리 아버지는 종종 멀리 출장을 가신다.
(activity/journey)

'on'의 중심적 의미는 수평 또는 수직축에 접촉되어 있는 것을 지지해주는 것이다. 그뿐 아니라 사실상 어느 방향에서든 지지를 의미한다(flower vase on the piano, handle on the door, dog on leash, ring on finger).

① 특정한 위치를 나타내거나 어딘가 닿아 있을 때

· There is "Surgeon General's Warning" **on** cigarette packs.
담배갑에는 미국 의무감의 경고가 있다.
· There were paintings **on** the wall.
벽에 그림들이 있다.
· There are two pillows **on** the bed.
침대위에 두 개의 베가 있다.
· We had just finished supper when there was a knock **on** the door.
노크소리가 들릴 때 우리는 막 저녁식사를 마쳤다.
· There is much grass **on** the hills.
낮은 산에는 많은 잔디가 있다.
· There would be enough food to feed nearly everyone **on** the beach.
바닷가에는 거의 모든 사람들을 먹일 수 있을 만큼 충분한 음식이 있었을 것이다.

② 쓰거나 읽을 대상, 도로, 상대적 위치

· Write out your message **on** a piece of paper.
종이에 메시지를 적도로 하거라.
· I like to apply for a cashier job in the gas station **on** Main Street.
메인거리에 있는 주유소의 계산원으로 일자리를 구하려고 한다.
· He has a three-story house **on** Putnam Avenue.
프트남가에 3층짜리 집이 있다.

· The person **on** the left side will be Min-su and **on** the right side will be Min-a.
왼쪽에 있는 사람이 민수이고 오른쪽이 있는 사람이 민아이다.

③ 시간

· He was homesick. Especially **on** Saturday, he felt a little more lonely.
그는 집이 그리웠다. 특히 토요일에는 좀 더 외로웠다.

특정한 요일	on Tuesday
하루 중 일부	on Wednesday morning
날짜	on June 21st
특별한 기념일	on your birthday
특별한 경우	on that evening
축제일	on Christmas day

④ 주제

· Mr. Kim wants to improve performance **on** an achievement measure of his students.
김 선생님께서는 자신의 학생들의 성취평가 결과를 향상시키고 싶어 한다.
· He set across the U.S. this month to promote his book **on** children's issues.
그는 아동에 관한 자신의 책을 홍보하고자 이번 달 미국 전역을 다녔다.
· The man tried to work **on** his fears.
그 사람은 자신의 두려움에 관해 무언가를 하고자 했다.
· I got a lot of complements **on** my hair.
나는 내 머리에 관해 많은 칭찬을 들었다.
· More money should be spent **on** education.
보다 더 많은 돈이 교육에 쓰여져야 한다.

· Do you have any books **on** India?
  인도에 관해 책이 있나요?

같은 전치사로서 동일한 의미를 나타내는 것이 'over'이다. 이 기회에 함께 사례문을 통해 그 사용의 특성을 살피고 넘어가자.

※ over

· He dither **over** buying an item.
  그는 그 물건을 사야 할지 망설였다.
· The king made a great fuss **over** him.
  왕은 그 사람에 관해 법석을 떨었다.
· Can you distill this debate **over** diversity and competence.
  다양성과 역량에 관한 본 토론의 내용을 핵심 요약해 주시겠습니까?
· It's a legacy fueled by the public outrage **over** white-collar crime.
  전문직종 종사자들의 범죄에 관한 대중들의 증폭된 분노는 유산이 되었다.

사례문들을 볼 때 주제를 말할 때는 'over'와 'on'을 다 사용해도 무방할 듯하나 확실히 하기 위해 다음 코카세션에서 다루겠다.

⑤ 활동/여행 중, 소속, 출처, 수단/도구

· He is **on duty.**
  그는 근무 중이다
· I met him **on vacation** in U.S.
  나는 그를 미국에서 휴가 중 만났다.
· You are **on my team.**
  너는 우리 편이다.
· Sing along with the children **on the tape.**
  테이프의 아이들을 따라 노래를 부릅시다.

· He is talking **on the phone.**
그는 전화로 말했다.
· I was **on the intelligence committee** for five years.
나는 5년간 정보위원회에 있었다.
· We need to do business **on the next tour**.
우리는 다음 출장에서 일을 봐야 한다.
· Is your husband **on the phone** with you?
통화하고 있는 사람이 남편이니?

실제로 전치사 'on'은 수단, 도구를 의미하는 많은 사용사례가 있다.

on camera, on television, on TV, on screen, on twitter, on paper, on telephone, on radio, on air, on phone, on record

흥미로운 점은 전치사 'over' 또한 아래와 같이 도구, 수단의 의미로 사용할 수 있다.

over the telephone
over the radio

⑥ 관용어

Shame **on you!** 부끄러운 줄 알거라.
If you eat more, you'll get some weight **on you.**
만일 네가 더 먹으면 체중이 늘 것이다.

위와 같이 대상이 you일 때 전치사 'on'과 함께 빈번히 사용되는 표현들이 아래 사례문과 같은 것들이 있다.

· Your husband had **cheated on you** and walked out.
 당신의 남편이 바람을 피우고 집을 나갔다.
· Your father **walked out on you and your mother** when you were 10.
 당신의 아빠가 당신이 10세 때 당신과 당신의 엄마를 버리고 나가버렸다.
· So anyway, he **cheats on you** and then winds up with Nikki.
 여하튼 그는 당신을 속이고 니키와 엮인 것이다.
· The White House **put a lot of pressure on you.**
 백악관은 당신에게 많은 압박을 했다.
· There's going to **be a lot of eyes on you** at the All-Star Game.
 모든 스타들의 게임에서 많은 사람들이 당신을 주목할 것이다.
· I will be as difficult **on you** as ever.
 나는 앞으로도 당신을 힘들게 할 것이다.

즉 대상이 'you'일 때 전치사 on과 결합하여 일정부분 부정적인 영향을 주고 있음을 표현하고 있는 것이다. 이외에도 아래와 같은 숙어적인 사용이 많이 있다.

on foot 걸어서	The pub's not far. Let's go on foot.
on purpose 일부러	I didn't do it on purpose. It was an accident.
on board 타고 있는	Is there a doctor on board? We have a sick passenger.
on average 평균의	On average she watches four movies a month.
on time 정확한 시간에	He always arrives on time.
on fire 불이 난	A $2 Million luxury boat went on fire.
on track 제대로 하고 있는	Please get this discussion on track. Time is limited.
on weekends 주말에	She is only home on weekends.
on vacation 휴가 중	I'm planning to go on vacation soon.
on sale 세일 중	These sunglasses were on sale for only $10.
on trial 재판 중	He has spent the past year in prison while on trial for murder.
on occasion 이따금	The old lady drops by my place on occasion.

on drug abuse 약물 중독으로	He is currently hospitalized on drug abuse.
on charges 근거로	He is placed behind bars on charge of armed robbery.
on air 방송 중	We'll be on air in about three minutes.
on condition 조건으로	He was released on condition that he return the following week.

코카세션

전치사 'on'이 주제의 의미로 쓰여질 때 어떤 동사와 명사가 함께 사용되는지를 알아보기 위해 사례문의 문형구조를 참고해 구 단위의 검색어 '모든 동사+모든 명사+on+모든 명사(_v*_nn* on _nn*)'를 아래 그림 5와 같이 입력하였다. 사용빈도가 높은 상위 50위까지의 어휘군의 리스트는 다음의 표 2와 같았다.

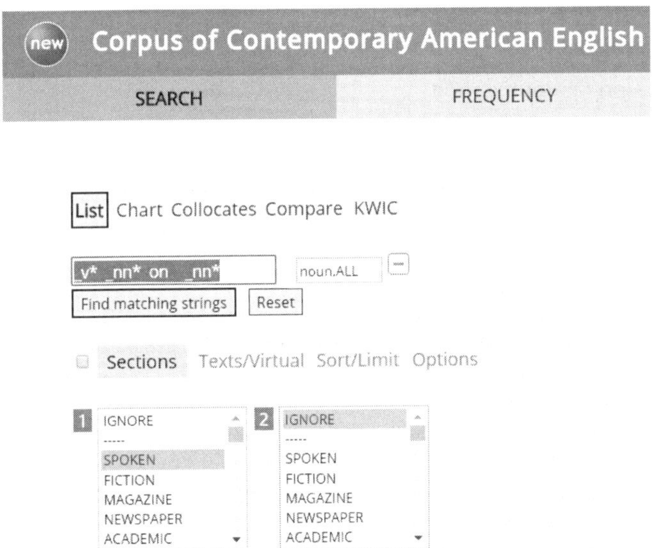

<그림 5> '모든 동사+모든 명사+on+모든 명사' 구 검색창

<표 2> '모든 동사+모든 명사+on+모든 명사' 구 검색 결과

주제의 의미로 사용된 전치사 on
raise taxes on people (job)
cutting corners on safety
spend money on things
take action on climate

put pressure on congress
declared war on cancer (drugs, terrorism, women, poverty)
save money on energy
stop attacks on Israelis
take position on issues
be taxes on goods
casting aspersions on people (성수를 뿌리다)
counsel women on abortion
cutting spending on education
cutting taxes on corporation
delay action on immigration
done stories on bird
eliminate tariffs on information
eliminate taxes on unemployment
endorsed attacks on gays

위의 표에 기반해 동사만의 리스트를 만들면 다음과 같다.

cast
cut
counsel
delay
done
eliminate
endorse
put
raise
save
spend
stop
take action

같은 의미, 주제로 사용된 전치사 'over'의 쓰임을 검색하기 위해 검색어 '_v* _nn* over _nn*(모든 동사+모든 명사+over+모든 명사)'를 입력한 결과 다음과 같은 구 단위의 리스트를 출현하였다. 30위까지 출현 사례 리스트를 검토해 보았을 때 27위의 'allow lawsuits over vaccines(백신에 대한 고소건을 허락하다)' 하나만 전치사 'over'가 주제의 의미로 쓰여졌음을 알 수 있다.

1	FELL HEAD OVER HEELS	10
2	'M WAY OVER TIME	6
3	CHOSE MURDER OVER DIVORCE	4
4	WAS HEAD OVER HEELS	4
5	ALLOWING FRENCH OVER FLIGHTS	2
6	'S SYMBOLISM OVER SUBSTANCE	2
7	'RE WAY OVER TIME	2
8	GAINED POWER OVER PRICE	2
9	GIVEN PRECEDENCE OVER MACHINE	2
10	HAVE DOMINION OVER ANIMALS	2
11	HAVE POWER OVER PEOPLE	2
12	IS HEAD OVER HEELS	2
13	IS SYMBOLISM OVER SUBSTANCE	2
14	MAKING CHANGES OVER TIME	2
15	PUT PROGRESS OVER PARTISANSHIP	2
16	REWARD WORK OVER WELFARE	2
17	TAKEN PLACE OVER TIME	2
18	TAKES PLACE OVER YEARS	2
19	TRUST DEMOCRATS OVER REPUBLICANS	2
20	WILL HAND OVER POWER	2
21	'LL HAND OVER INTELLIGENCE	1
22	'S STYLE OVER SUBSTANCE	1
23	'S NATURE OVER NURTURE	1
24	'S HEAD OVER HEELS	1
25	'S CONTROVERSY OVER LESSONS	1
26	'S CONCERN OVER REPORTS	1
27	ALLOW LAWSUITS OVER VACCINES	1

28	ADMIT POWERLESSNESS OVER ALCOHOLISM	1
29	ADD BULK OVER BULK	1
30	ADAPT MACHINES OVER TIME	1

그래서 혹시 ‘모든 동사+over+모든 명사’ 구문의 사례에서 전치사 ‘over’가 주제의 의미로 빈번하게 쓰여지는지를 알아보기 위해 아래 그림 6과 같이 검색하였다.

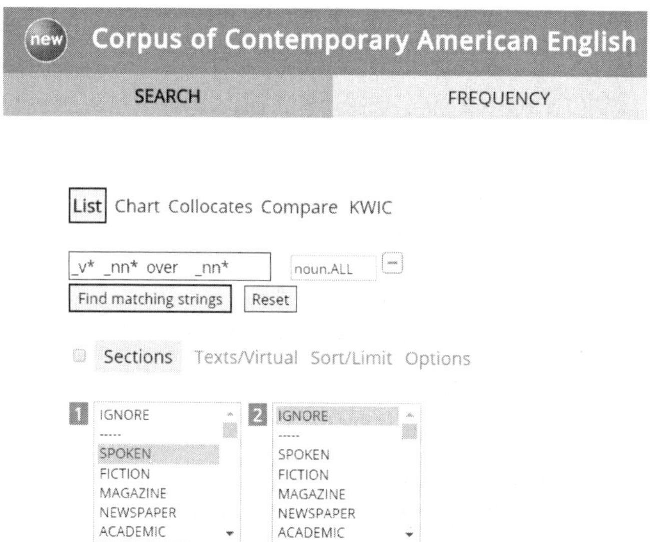

<그림 6> ‘모든 동사+over+모든 명사’ 구문의 검색창

하지만 동사와 함께 사용되는 ‘over’의 경우는 주제의 의미로 사용되기 보다는 아래 사례와 같이 ‘시간의 경과’라는 의미로 집중적으로 사용되고 있음을 확인할 수 있었다.

1	CHANGE OVER TIME	359
2	CHANGED OVER TIME	252

3	EVOLVED OVER TIME	107
4	INCREASED OVER TIME	82
5	DEVELOPED OVER TIME	65
6	EVOLVE OVER TIME	62
7	DEVELOP OVER TIME	60
8	INCREASE OVER TIME	60
9	SERVE OVER ICE	59
10	VARY OVER TIME	56
11	IMPROVE OVER TIME	45
12	SERVE OVER RICE	45
13	DECREASED OVER TIME	44
14	THINK OVER TIME	38
15	GROW OVER TIME	37
16	HEAD OVER HEELS	37
17	SUSTAINED OVER TIME	35

이 또한 일종의 결합어를 이룰 때 적용되는 연어법으로 볼 수 있을 것이다. 결국 '모든 명사+over+ 모든 명사('_nn* over _nn*)'구를 검색한 결과 전치사 'over'가 주제의 의미로 사용되는 사례를 볼 수 있었다. 50위까지의 출현 사례 중 아래의 사례가 해당된다.

3	DEBATE OVER HEALTH	21
5	SYMBOLISM OVER SUBSTANCE	17
7	BATTLE OVER ABORTION	15
9	DEBATE OVER GUN	14
10	BATTLE OVER HEALTH	13
12	DEBATE OVER ABORTION	9
13	DEBATE OVER IMMIGRATION	9
14	DEBATE OVER STEM	9

15	FIGHT OVER ABORTION	9
19	BATTLE OVER IMMIGRATION	7
20	BATTLE OVER TAX	7
21	DEBATE OVER CLIMATE	7
22	WAR OVER OIL	7
25	FIGHT OVER GUN	6
30	CONTROL OVER ACCESS	5
31	CONTROVERSY OVER PLANS	5
33	DEBATE OVER CLONING	5
34	DEBATE OVER GUNS	5
35	DEBATE OVER TAXES	5
36	DEBATE OVER WELFARE	5
38	FIGHT OVER HEALTH	5
39	HOPE OVER EXPERIENCE	5
42	STYLE OVER SUBSTANCE	5
48	BATTLE OVER BEAUTY	4
49	BATTLE OVER CUSTODY	4
50	BATTLE OVER GUN	4

주제를 의미하는 'over'는 "debate over health, immigration, abortion, climate" 등과 같은 명사들이 'debate over'와 함께 많이 쓰이며 "battle over abortion"과 같이 battle 등과 함께 쓰이는 것을 보여준다. 이를 사용빈도 100위까지 확장해 보면 그 사용 사례를 확인할 수 있는 데 'battle over, conflict over, control over, fight over, influences over, disputes over, concern over'과 같은 명사와 over의 사용 특성을 연어법(collocation)적인 사용으로 이해해도 될 듯하다.

IN

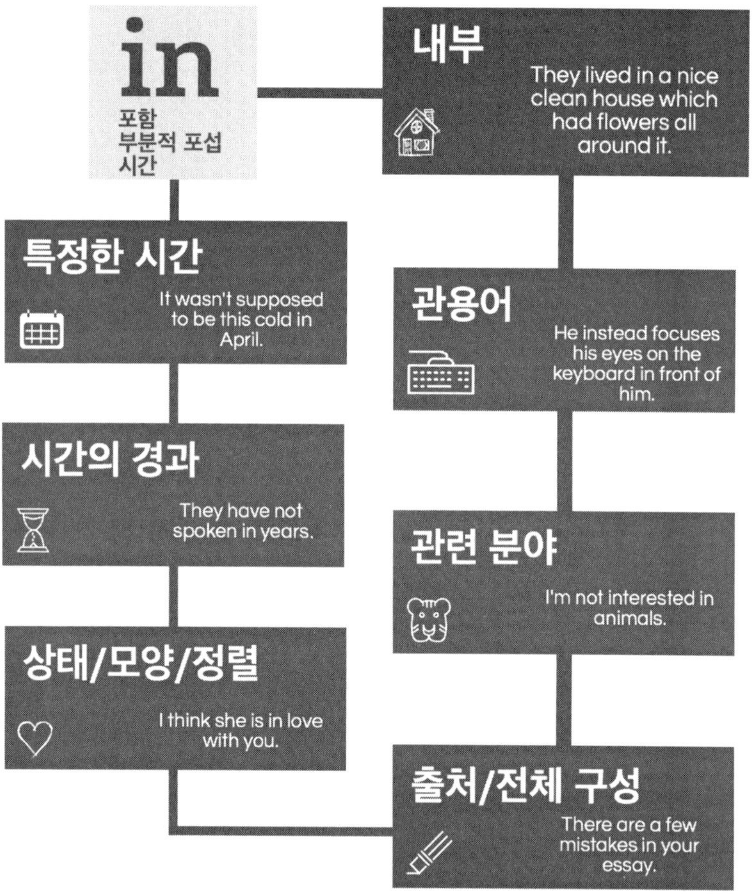
in
포함
부분적 포섭
시간
내부
They lived in a nice clean house which had flowers all around it.
특정한 시간
It wasn't supposed to be this cold in April.
관용어
He instead focuses his eyes on the keyboard in front of him.
시간의 경과
They have not spoken in years.
관련 분야
I'm not interested in animals.
상태/모양/정렬
I think she is in love with you.
출처/전체 구성
There are a few mistakes in your essay.

PREVIEW

다음 문장을 읽고 전치사 in이 다음 a~h 중 어떤 의미로 쓰였는지 생각해보세요.

정답은 뒷면에서 확인하세요. ☞

1. My father took us for a drive **in** his new car.
2. The chef put the pizza **in** the oven.
3. Do not write **in** pen on this test.
4. A: How old is your son now?
   B: He's three **in** April.
5. This is the funniest thing I've ever seen **in** my life.
6. He'll be back **in** a couple of days.
7. My professor is an expert **in** anthropology.
8. Can you walk **in** a straight line blindfolded?

a. into a container, place
b. during a period of time
c. when something happens
d. where someone/something is
e. at the end of a period of time
f. how something is done or happens
g. doing or affecting a particular kind of job
h. shape, arrangement, or course of something or someone

CHECK IT

1. My father took us for a drive **in** his new car.
   아버지는 새 차로 우리를 드라이브 시켜주셨다.
(where someone/something is)

2. The chef put the pizza **in** the oven.
   요리사는 오븐에 피자를 넣었다.
(into a container, place)

3. Do not write **in** pen on this test.
   이 시험에는 펜을 사용하지 마시오.
(how something is done or happens)

4. A: How old is your son now?
   B: He's three **in** April.
   A: 아들이 몇 살이야?
   B: 4월이면 3살이야.
(when something happens)

5. This is the funniest thing I've ever seen **in** my life.
   이것은 내 생애에 본 것 중 가장 재미있는 일이다.
(during a period of time)

6. He'll be back **in** a couple of days.
   그는 이틀 후에 돌아올 것이다.
(at the end of a period of time)

7. My professor is an expert **in** anthropology.
   우리 교수님은 인류학에 권위자이시다.
(doing or affecting a particular kind of job)

8. Can you walk **in** a straight line blindfolded?
   눈을 가리고서 직선으로 걸을 수 있나요?
(shape, arrangement, or course of something or someone)

'in'의 중심적 의미는 대상이 표지에 포섭되어 있음을 말한다. 예를 들어, **1.** 포함(apple in bowl, letter in drawer, 2.부분적 포섭(cigarette in mouth), **3.** 시간 (in September).

① 내부

· It is the most beautiful cat **in** the whole world.
그것은 세상에서 제일 아름다운 차이다.
· Mom told me to take the dollar and bury it **in** the garden.
엄마가 돈을 가지고 나가 정원에 묻으라 하셨다.
· They lived **in** a nice clean house which had flowers all around it.
그들은 온통 꽃 천지인 깨끗한 집에 살고 있다.
· I bet he hides it **in** his left hand.
장담하는 데 그는 손안에 그 것을 숨겼다.

② 특정한 시간: 하루의 일부, 월, 연도, 특정한 행사의 기간

· Mr. Park founded the money-museum **in** 1987.
박 선생이 1987년도에 박물관을 세웠다.
· It wasn't supposed to be this cold **in** April.
4월 달에 이렇게 추울 수는 없다.
· I am a patient in a hospital, **in presence of** a powerful physician.
나는 아주 훌륭한 내과의사 보호아래 병원에 있는 환자이다.
· Do not use **in presence of** abdominal pain.
복통이 있을 때는 사용하지 마시오.
· And **in absence of** a tape, a jury has a difficult time believing that the accused was not the aggressor.
테이프 없이 배심원단은 피고가 공격적이 아닌지 여부를 믿기에 어려웠다.

③ 시간의 경과

· I always eat breakfast **in** 15 minutes.
  난 항상 15분만에 아침을 먹는다.
· We're gonna talk about it **in** a minute.
  잠시 후 그 것에 관해 말할 것이다.
· They have not spoken **in** years.
  그들은 몇 년간 말 한마디 안했다.

※ after

시간의 경과를 의미할 때 전치사 after 다음에는 명사가 따라와 아래와 같이 그 사건의 이후를 말하는 의미로 사용된다.

after school 학교가 끝난 후
after work 일이 끝난 후
after dark 어두워진 후
after death 사망 후
after sunset 일몰 후
after class 수업 후
after completion 완성 후
after dinner 저녁 식사 후
after lunch 점심 식사 후
after graduation 졸업 후
after surgery 수술 후
after decade 10여년 후
after practice 연습 후
after retirement 은퇴 후

즉 'after' 다음에는 사태를 가리키는 거의 모든 명사가 올 수 있음을 뜻한다. 하지만 전치사 'in' 다음에는 in years와 같이 구체적으로 시간을 가리키는 명사가 올 때 시간의 경과를 뜻한다. in winter, summer, spring은 해당 계절 중임을 말한다.

④ 상태/모양/정렬

· I think she **is in love with** you.
  내 생각엔 그녀는 당신과 사랑에 빠진 것이오.

· His life is **in danger.**
그의 생명이 위험하다.
· I want you all to stand **in a circle.**
모두 원으로 서 주세요.
· Can you walk **in a straight line?**
똑바로 한 줄로 걸어 봐요.
· Students work **in pairs/groups.**
학생 여러분 짝이나 소그룹으로 활동하는 겁니다.

⑤ 출처/전체 구성

· There are a few mistakes **in** your essay.
너의 에세이에는 몇 가지 실수가 있구나.
· **In** her speech, she praised the work of volunteers.
그녀의 연설에서 그녀는 자원자들의 성과를 칭찬했다.
· How many minutes are there **in** an hour?
한 시간에는 몇 분이 있는 거지요?

⑥ 관련분야

· He's been **in politics** for fifteen years.
그는 15년간 정치 분야에 있었다.
· I was very aggressive **in sports** to compensate for my lack of size.
나는 내 덩치가 작아 보상하려고 스포츠분야에서 매우 공격적이었다.
· You have been **in movies and TV shows** since then.
당신은 그 때 이후 영화와 티브쇼 분야에서 일해 왔다.
· I'm not interested **in animals.**
나는 동물들에게는 흥미가 없다.

· It doesn't show sort of strength **in numbers.**
숫자에 그리 강하지 않다.

⑦ 관용어

· The house was **in ruins** and you could tell that it was a pretty bad fire.
그 집은 완전히 폐허가 되었다. 화재가 얼마나 심했었는지 알 수 있을 것이다.
· He instead focuses his eyes on the keyboard **in front of him.**
그는 대신에 자신의 앞에 있는 키보드에 시선을 집중한다.
· **In terms of** text structure, I looked at the following categories: narrative, expository, and primary literature.
텍스트의 구조 관점에서, 나는 네러티브, 산문 그리고 주요 문학 작품 등의 범주들을 살핀다.
· Given my personal experience, I am **in favor of** that move.
나의 경험에 기반 했을 때 나는 그 안에 동의한다.
· She had those e-mails on her server **in spite of** her claims otherwise.
그녀의 다른 주장에도 불구하고 그녀의 서버에 그 이메일들이 있었다.
· You're **in charge of** a police department here.
당신이 경찰부서의 책임자입니다.
· She dug into the bag **in search of** sunscreen.
그녀는 썬크림을 찾아 가방 속을 뒤졌다.
· They're now reconsidering that **in light of** the threat.
그들은 위협이라는 관점에서 그 것을 재고하고 있다.

이와 같이 'in+* + of(in+모든 어휘+of)'는 하나의 프레임으로 작동되어 in need of, in support of, in honor of, in danger of, in control of, in violation of, in pursuit of, in advance of, in recognition of, in possession of, in awe of, in fear of, in defiance of 등과 같이 일종의 추상명사와 함께 수많은 관용어를 만들어낸다고 할 수 있을 것이다.

코카세션

상태, 모양, 정렬의 뜻으로 쓰이는 전치사 'in'의 사용 사례를 검색어 'in + 모든 명사(in _nn*)'를 입력해 구어 영역 중심으로 리스트를 출력한 결과는 표 3과 같았다.

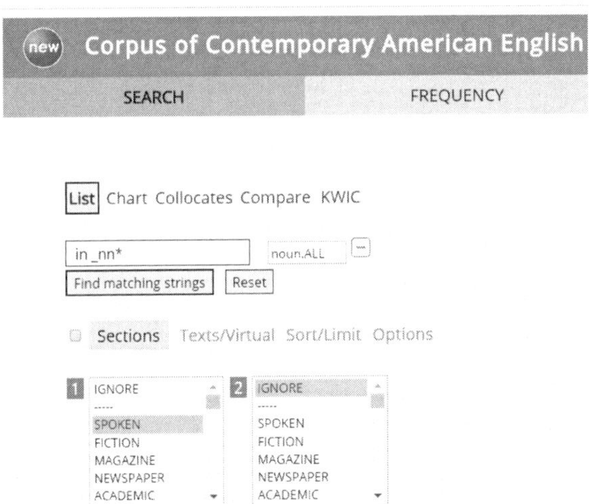

<그림 7> 'in+ 모든 명사(in _nn*)' 구문의 검색창

<표 3> 높은 빈도로 사용되는 전치사 in의 사례

장소,공간과 함께 in	숙어적, 관용적 사용 in
in place	in fact 사실상
in schools	in power 권력 장악
in space	in love 사랑에 빠진
in court	in control 통제 상태
in office	in turn 교대로
in prison	in danger 위험에 빠진
in class	in contrast 대비
in town	in reality 실상은

in places	in effect 실제로
in bed	in trouble 어려움에 빠진
in world	in advance 미리
in college	in order 질서정연한
in areas	in line 줄을 선
in congress	in exchange 맞교환
in table	in question 의문의 상태
in jail	
in hand	

보다 더 많은 관용적인 쓰임을 찾기 위해 'in+* + of(in+모든 어휘+of)'를 검색창에 입력한 결과 사용빈도가 높은 상위 50위까지 출력하면 다음과 같다.

1	IN CONTROL OF	509
2	IN VIOLATION OF	343
3	IN DANGER OF	341
4	IN SORT OF	317
5	IN HONOR OF	290
6	IN ADVANCE OF	265
7	IN PARTS OF	262
8	IN CHIEF OF	237
9	IN KIND OF	231
10	IN DEFENSE OF	212
11	IN TIMES OF	188
12	IN HOPES OF	173
13	IN POINT OF	146
14	IN ANTICIPATION OF	130
15	IN FEAR OF	118
16	IN MEMORY OF	103
17	IN FRONT OF	102

18	IN AWE OF	88
19	IN PART OF	86
20	IN CASES OF	85
21	IN TIME OF	76
22	IN POSITIONS OF	69
23	IN BEHALF OF	59
24	IN COMMAND OF	59
25	IN CONTEMPT OF	50
26	IN AREAS OF	47
27	IN MATTERS OF	33
28	IN JUDGMENT OF	31
29	IN CELEBRATION OF	29
30	IN ACTS OF	28
31	IN PRAISE OF	28
32	IN JEOPARDY OF	27
33	IN RECOGNITION OF	26
34	IN GROUPS OF	25
35	IN PROTEST OF	24
36	IN FURTHERANCE OF	23
37	IN MOMENTS OF	21
38	IN MIND OF	19
39	IN ORDER OF	19
40	IN SERVICE OF	19
41	IN SIGHT OF	18
42	IN CONTEXT OF	17
43	IN TERM OF	17
44	IN BREACH OF	16
45	IN FREEDOM OF	16
46	IN HISTORY OF	15

47	IN WEAPONS OF	15
48	IN SHADES OF	14
49	IN LINE OF	13
50	IN PORTIONS OF	13
51	IN REMEMBRANCE OF	13

앞의 전치사 'in'의 관용어 부분에서 정리한 것처럼 적지 않은 구 단위의 상태를 나타내는 표현이 빈도 높게 사용되고 있음을 알 수 있다.

EXERCISE 1 (AT, ON, IN)

다음 문장의 의미에 적절한 전치사를 골라보세요.

정답은 뒷면에서 확인하세요. ☞

1. They have not spoken [in /on] years.

2. Soon the man grew tired, he sat down to rest [at / on] the foot of the big tree.

3. He was homesick. Especially [at / on] Saturday, he felt a little more lonely.

4. I would advise you not to shout [at / on] your mom like that.

5. He is [in / on] duty.

6. [At / In] her speech, she praised the work of volunteers.

7. It was breakfast time, and everyone was [at / on] table.

8. I'm not interested [at / in] animals.

ANSWERS: EXERCISE 1 (AT, ON, IN)

1. They have not spoken [in] years.
   그들은 몇 년간 말 한마디 안했다.

2. Soon the man grew tired, he sat down to rest [at] the foot of the big tree.
   곧 피곤해진 그는 큰 나무의 발치 아래 앉아 쉬었다.

3. He was homesick. Especially [on] Saturday, he felt a little more lonely.
   그는 집이 그리웠다. 특히 토요일에는 좀 더 외로웠다.

4. I would advise you not to shout [at] your mom like that.
   너의 엄마에게 그렇게 소리를 지르지 말라고 충고하고 싶구나.

5. He is [on] duty.
   그는 근무 중이다.

6. [In] her speech, she praised the work of volunteers.
   그녀의 연설에서 그녀는 자원자들의 성과를 칭찬했다.

7. It was breakfast time, and everyone was [at] table.
   아침식사 시간이라 모두 식사중입니다.

8. I'm not interested [in] animals.
   나는 동물들에게는 흥미가 없다.

EXERCISE 2 (AT, ON, IN)

전치사 at, on, in 중에서 하나를 골라 다음 문장을 완성해보세요.

정답은 뒷면에서 확인하세요. ☞

1. The train leaves ____ exactly 11 o'clock.

2. There are two pillows ____ the bed.

3. She's depleting her savings ____ a rate of 12% a year.

4. Students work ____ groups.

5. You were so good ____ making people think.

6. I like to apply for a cashier job in the gas station ____ Main Street.

7. I bet he hides it ____ his left hand.

8. He set across the U. S. this month to promote his book ____ children's issues.

9. It wasn't supposed to be this cold ____ April.

ANSWERS: EXERCISE 2 (AT, ON, IN)

1. The train leaves [at] exactly 11 o'clock.
   기차는 정확히 11시에 떠난다.

2. There are two pillows [on] the bed.
   침대위에 두 개의 베개 있다.

3. She's depleting her savings [at] a rate of 12% a year.
   그녀는 연간 12퍼센트 정도 자신의 저축을 고갈시키고 있다.

4. Students work [in] groups.
   학생 여러분 소그룹으로 활동하는 겁니다.

5. You were so good [at] making people think.
   넌 사람들을 생각하게 하는 데 능숙하다.

6. I like to apply for a cashier job in the gas station [on] Main Street.
   메인거리에 있는 주유소의 계산원으로 일자리를 구하려고 한다.

7. I bet he hides it [in] his left hand.
   장담하는 데 그는 손안에 그 것을 숨겼다.

8. He set across the U. S. this month to promote his book [on] children's issues.
   그는 아동에 관한 자신의 책을 홍보하고자 이번 달 미국 전역을 다녔다.

9. It wasn't supposed to be this cold [in] April.
   4월 달에 이렇게 추울 수는 없다.

EXERCISE 3 (AT, ON, IN)

다음 문장을 읽고 전치사가 잘못 사용된 경우 전치사를 고쳐 보세요.

정답은 뒷면에서 확인하세요. ☞

1. There is much grass in the hills.

2. Mr. Park founded the museum on 1987.

3. Why are they all staring at us?

4. We're gonna talk about it at a minute.

5. The person in the left side will be Minsu and in the right side will be Mina.

6. He was held at the gate for four hours.

7. He's been at politics for fifteen years.

8. I went home both on Thanksgiving and on Christmas.

ANSWERS: EXERCISE 3 (AT, ON, IN)

1. There is much grass [~~in~~ → on] the hills.
   낮은 산에는 많은 잔디가 있다.

2. Mr. Park founded the museum [~~on~~ → in] 1987.
   박 선생이 1987년도에 박물관을 세웠다.

3. Why are they all staring [at] us?
   저 사람들이 왜 우리를 보고 있는 거지?

4. We're gonna talk about it [~~at~~ → in] a minute.
   잠시 후 그 것에 관해 말할 것이다.

5. The person [~~in~~ → on] the left side will be Minsu and [~~in~~ → on] the right side will be Mina.
   왼쪽에 있는 사람이 민수이고 오른쪽에 있는 사람이 민아이다.

6. He was held [at] the gate for four hours.
   그는 정문 앞에서 4시간 동안 억류 되어 있었다.

7. He's been [~~at~~ → in] politics for fifteen years.
   그는 15년간 정치 분야에 있었다.

8. I went home both [~~on~~ → at] Thanksgiving and [~~on~~ → at] Christmas.
   나는 크리스마스 때와 감사절에 집에 갔다.

EXERCISE 4 (AT, ON, IN)

다음 문장의 의미에 맞는 전치사를 골라보세요.

정답은 뒷면에서 확인하세요. ☞

1. His life is ____ danger.
   a. in b. on

2. He is talking ____ the phone.
   a. at b. on

3. She is good ____ her job.
   a. at b. on

4. More money should be spent ____ education.
   a. in b. on

5. There are a few mistakes ____ your essay.
   a. in b. on

6. I just don't think anyone ____ this level is taking that risk.
   a. at b. in

7. There are other forces ____ work in the world than the will of evil.
   a. at b. on

8. Mom told me to take the dollar and bury it ____ the garden.
   a. on b. in

ANSWERS: EXERCISE 4 (AT, ON, IN)

1. His life is [in] danger.
그의 생명이 위험하다.

2. He is talking [on] the phone.
그는 전화로 말했다.

3. She is good [at] her job.
그녀는 자신의 직업에 능숙하다.

4. More money should be spent [on] education.
보다 더 많은 돈이 교육에 쓰여져야 한다.

5. There are a few mistakes [in] your essay.
너의 에세이에는 몇 가지 실수가 있구나.

6. I just don't think anyone [at] this level is taking that risk.
내 생각에는 이 정도의 수준에 있는 사람이 이러한 위험을 택하지는 않을 것이다.

7. There are other forces [at] work in the world than the will of evil.
세상엔 악마의 의지 외에 작동하는 또 다른 힘이 있습니다.

8. Mom told me to take the dollar and bury it [in] the garden.
엄마가 돈을 가지고 나가 정원에 묻으라고 하셨다.

FROM

From

시간의 기점

He works from 9 o'clock in the morning.

기원/출처

Last Sunday my grandpa Louie came to visit from Chicago.

원인/근거

Mr.Jung saved the orchestra from homelessness.

분리

Cats get away from dogs by going up the tree.

구분

It's almost indistinguishable from any ordinary train.

원료

He packed a wooden box of maple sugar from the maples.

관용어

They could not stop us from singing and playing.

PREVIEW

다음 문장을 읽고 전치사 from이 다음 a~j 중 어떤 의미로 쓰였는지 생각해보세요.

정답은 뒷면에서 확인하세요. ☞

1. It's about an hour and a half **from** here.
2. **From** now on, I will only be working in the afternoon.
3. John pulled his chair away **from** his desk.
4. Have you heard anything **from** the boss yet?
5. Who did you get that idea **from**?
6. We invited keynote speakers **from** four countries.
7. Death rates **from** car accidents have increased.
8. Pancake is made **from** flour, sugar, milk and butter.
9. These ideas are unrealistic **from** my point of view.
10. The prices range **from** 100 dollars to 300 dollars.

a. range
b. origin
c. cause
d. distance away
e. being removed
f. forming opinions
g. made of something
h. place of birth/work
i. sent/given by someone
j. starting at a particular time

CHECK IT

1. It's about an hour and a half **from** here.
그곳은 여기에서 약 1시간 30분 거리이다.
(distance away)

2. **From** now on, I will only be working in the afternoon.
이제부터 나는 오후에만 일하게 될 것이다.
(starting at a particular time)

3. John pulled his chair away **from** his desk.
John은 책상에서 의자를 빼내었다.
(being removed)

4. Have you heard anything **from** the boss yet?
상사에게서 무슨 말을 들었나요?
(sent/given by someone)

5. Who did you get that idea **from**?
저 생각은 누구에게서 얻은 것인가?
(origin)

6. We invited keynote speakers **from** four countries.
우리는 4개국에서 기조 연설자를 초빙하였다.
(place of birth/work)

7. Death rates **from** car accidents have increased.
교통사고로 인한 사망률은 증가해왔다.
(cause)

8. Pancake is made **from** flour, sugar, milk and butter.
팬케이크는 밀가루, 설탕, 우유, 버터로 만들어진다.
(made of something)

9. These ideas are unrealistic **from** my point of view.
이 아이디어들은 내 관점에서 볼 때 비현실적이다.
(forming opinions)

10. The prices range **from** 100 dollars to 300 dollars.
가격은 100달러에서 300달러 범위이다.
(range)

① 기원, 출처

· Last Sunday my grandpa Louie came to visit **from** Chicago.
지난 일요일 나의 할아버지 루이는 시카고에서 오셨다.

· He was so busy listening to compliments **from** everyone.
그는 모든 사람들의 칭찬을 듣느라 분주했다.

· He felt the steamy mist rising **from** the forest floor.
그는 숲의 바닥에서부터 올라오는 짙은 안개를 느꼈다.

· I understand that part of me that I may have inherited **from** my father.
나의 일부는 나의 아버지로부터 받은 유산이라는 것을 이해하고 있다.

② 시간의 기점

· He works **from** 9 o'clock in the morning till 6 o'clock in the evening.
그는 아침 9시에서부터 저녁 6시까지 일한다.

· Readers may start borrowing for the vacation **from** Monday 29 November.
독자들은 아마도 11월 29일 월요일부터 휴가를 위해 도서 대출을 할 것이다.

· It happens to be **from** November 18th, 2008.
우연히도 2008년 11월 18일부터이다.

전치사 from의 사용과 관련해 주의해야 할 점은 begin이나 start와 같이 시작을 가리키는 동사와는 함께 사용하지 않는다는 것이다.

· My ears begin ringing when I was about 25.
내 귀는 25살부터 이명이 있기 시작했습니다.

· We begin tonight with the Speaker of the House.
우리는 오늘 밤 하원의장부터 시작하겠습니다.

· I propose that the construction crews start at 9:30 a.m.
나는 공사인부들이 일을 아침 9시 30분부터 시작할 것을 제안한다.

· Rents will start at about $626 a month.
집세는 월 626달러부터 시작합니다.
· I'm going to start climbing.
나는 등산을 시작할 겁니다.

③ 원인, 근거

· Mr. Jung saved the orchestra **from** homelessness.
정 선생님이 오케스트라가 공연장이 없어지는 것을 막았다.
· The city makes certain that people are not in danger **from** mosquito poison.
시정부는 모기의 위험으로부터 시민들이 위험에 빠지지 않도록 확실히 했다.
· There was a bitter divorce **from** his first wife.
그는 첫 번째 아내와 힘들게 이혼했다.
· He put on a pair of dark glasses to protect his eyes **from** the glare and went outside.
그는 뜨거운 태양으로부터 눈을 보호하기 위해 짙은 안경을 쓰고 나갔다.

④ 분리

· She took a fork **from** a lady standing nearby and held it out to Anthony.
그녀는 근처에 서 있는 부인의 포크를 가져가 앤쏘니에게 건넸다.
· Rosnida had been suspended **from** her teaching duties by the university.
로스니다는 대학에 의해 가르치지 못하게 되었다.
· Cats get away **from** dogs by going up the tree.
고양이들은 나무위로 올라가 개들로부터 도망쳤다.
· The tree holds off the wind and keeps the wind **from** blowing the roof off the house sometimes.
나무가 바람을 잡아줘 집의 지붕이 이따금 날아가지 못하도록 했다.
· Get away **from** me.

나로부터 떨어져.

⑤ 구분

· It's almost indistinguishable **from** any ordinary train.
다른 기차들과 거의 구분이 안 된다.
· It might be found in Christians' desire to distinguish themselves **from** their pagan counterparts.
기독교도들에게 자신들을 이교도들과 구분 짓고 싶어 하는 욕망이 있음이 밝혀졌다.
· Which one is different **from** the rest?
어느 것이 다른 것들과 다르냐?

⑥ 원료

· Cans of brown stew probably made **from** mutton.
갈색의 스튜 통조림은 아마도 양고기로 만들었을 것이다.
· Nicki wanted his new mittens made **from** wool as white as snow.
니키는 자신의 새 장갑을 흰눈 같이 하얀 울로 만들기를 원했다.
· He packed linen made **from** flax they grew.
그는 그들이 키운 아마로부터 만든 린넨을 포장했다.
· He packed a wooden box of maple sugar **from** the maples.
그는 단풍나무로부터 만든 메이풀시럽을 나무상자로 포장했다.

⑦ 관용어

전치사 'from'이 포함되어 숙어적, 관용적으로 많이 사용되는 표현 중 하나가 아래의 예문과 같은 쓰임일 것이다.

· The little woman could not **keep from** laughing.
그 작은 여인은 웃지 않을 수 없었다.

코카세션

좀 더 많은 전치사 'from'의 관용적인 쓰임의 사용 사례문을 검색하고자 코카 코퍼스의 검색창에 아래 그림 8과 같이 '모든 동사+*(와일드카드는 모든 어휘를 의미한다)+from+동사의 ing형태'와 같이 검색어를 입력하였다.

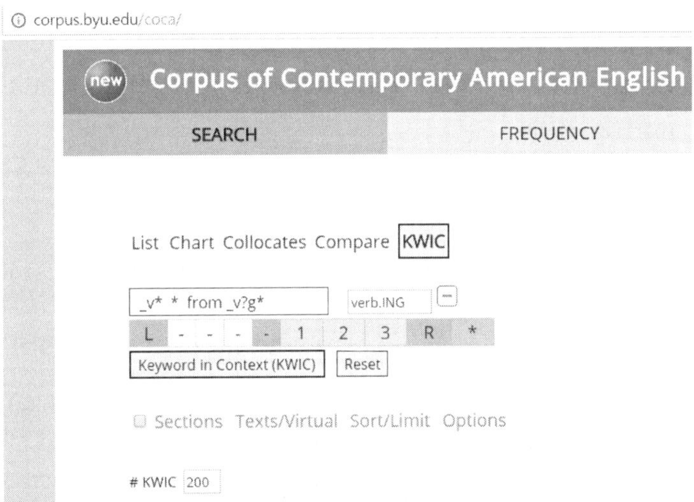

<그림 8> '모든 동사+*(어떤 어휘든)+from+동사의 ing형태' 구문 검색

그 결과 아래와 같은 사용 사례문을 추출할 수 있었다.

- Mr. Pennington **keeps** him **from taking** a job in Washington.
  페닝텅 씨는 그가 워싱턴에서 일자리 잡는 것을 못하게 한다.
- They **prevent** me **from thinking about** the things I would prefer to forget.
  그들은 내가 잊고 싶어 하는 것을 생각하지 못하게 한다.
- He had to **stop** himself **from whistling** all the way to Park Avenue.
  그는 파크에버뉴까지 가는 내내 휘파람을 불지 않아야만 했다.
- He **dissuaded** them **from submitting** a backup offer on the building.

그는 그들이 건물에 관해 추가 제안을 제출하는 것을 못하도록 했다.

· They could not **stop** us **from singing** and playing.
그들은 우리가 노래하고 노는 것을 중지시키지 못했다.

· She **barred** daughters **from receiving** any inheritance from a man who had sons.
그녀는 딸들이 아들이 있는 남자의 유산을 물려받는 것을 못하게 했다.

· Federal law **prohibits** states **from declaring** bankruptcy.
연방 정부 법은 주정부가 파산을 선언하는 것을 금지한다.

· They remain steadfast in their need to **restrict** homosexuals **from having** equal marriage rights.
그들은 동성애자들이 결혼에 관해 동등한 권리를 갖는 것에 대해 금지시켜야 한다는 그들의 요구에 변함없이 충실하다.

· The court might reasonably **have precluded** her **from recovering** from the defendant.
법정은 그녀가 피고로부터 손실을 되찾는 것을 일리 있게 금지해왔다.

· Naturalization will effectively **disqualify** him **from writing** his column.
귀화하게 되면 효과적으로 그가 연재 글을 쓸 수 없게 될 것이다.

· A court has **banned** websites **from showing** it in Istanbul unapproachable.
법정은 이스탐불에서 접속이 불가능한 웹사이트를 보는 것을 금했다.

· Will the failure of Charles and Diana's marriage **hinder** William **from getting** married any time soon?
찰스와 다이아나의 결혼 실패가 윌리암이 빠른 시일 안에 결혼하는 것을 방해할 것인가?

· Authority of Development in Eastern Africa, **had refrained from using** neighbors' troops in its mission.
동부아프리카지역의 개발당국은 그 의무를 다 하는 데 이웃국가의 군대를 사용하는 것을 자제해 왔다.

· A lot of the things that **blocked** us **from doing** things are gone.
우리로 하여금 많은 것을 못하게 했던 것들이 사라졌다.

· That would **save** me **from having** to do it.
그것이 내가 그 것을 하지 않아도 되게 했다.

이외에도 전치사 'from'이 from+명사가 이루는 어휘군에서 가장 사용빈도가 높은 상위 50위까지의 추출결과는 다음 표 4와 같았다.

<표 4> 높은 빈도로 사용되는 전치사 from

사람	장소	사물	추상성
from people	from home	from fat	from work
from others	from school	from head	from heat
from parents	from top	from vehicle	from scratch
from family	from college	from oven	from day
from friends	from earth	from food	from side
from students	from state	from videotape	from life
from women	from office		from view
from member	from congress		from power
from place	from government		from experience
from president	from heaven		from memory
from men	from hell		from birth
	from space		from childhood
	from town		from years
	from nature		from year
	from city		from right
	from world		from left

TO

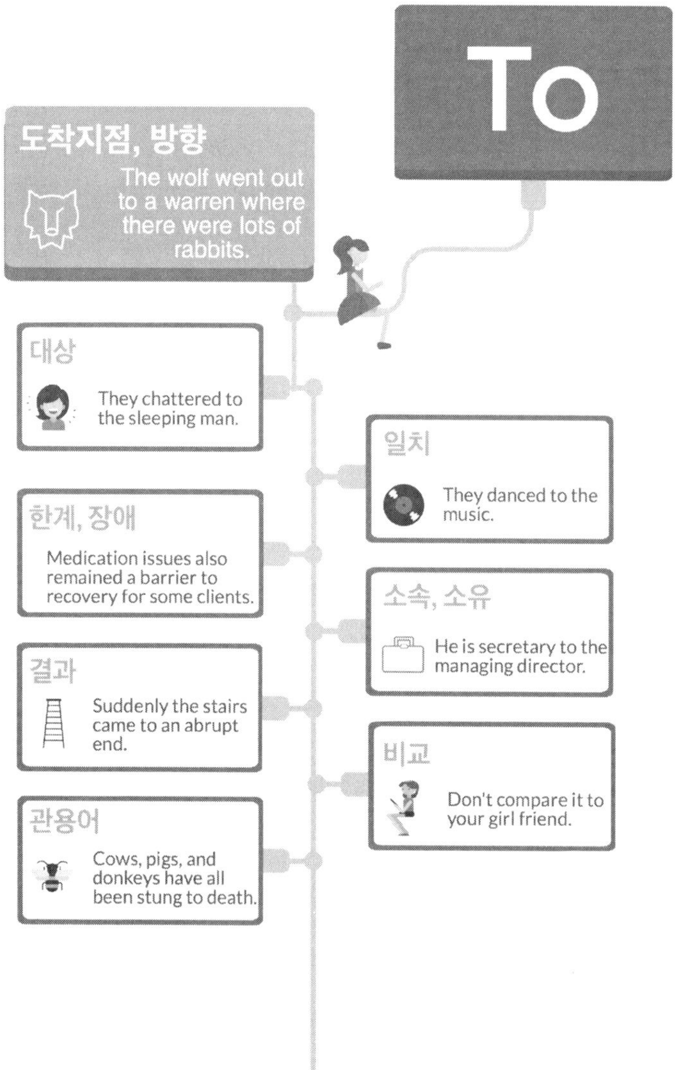
TO
도착지점, 방향
The wolf went out to a warren where there were lots of rabbits.
대상
They chattered to the sleeping man.
일치
They danced to the music.
한계, 장애
Medication issues also remained a barrier to recovery for some clients.
소속, 소유
He is secretary to the managing director.
결과
Suddenly the stairs came to an abrupt end.
비교
Don't compare it to your girl friend.
관용어
Cows, pigs, and donkeys have all been stung to death.

PREVIEW

다음 문장을 읽고 전치사 to가 다음 a~j 중 어떤 의미로 쓰였는지 생각해보세요.

정답은 뒷면에서 확인하세요. ☞

1. I'm going **to** Taipei on a business trip next week.
2. The most common reason why people go **to** fitness centers is health.
3. Don't show your worksheet **to** anyone else.
4. Wait until the lights change **to** green.
5. The water came right up **to** his knees.
6. What have you done **to** the radio? It's not working.
7. I like to exercise **to** music.
8. Have you found the key **to** the back door?
9. We will stay from Friday night **to** Sunday morning.
10. The boy tied a rope **to** a tree.

a. affecting or related to
b. fastened or connected
c. who receives something
d. purpose, event, or activity
e. what something is needed for
f. a result of an action or change
g. where someone or something goes
h. as far as a particular point or limit
i. until and including a particular time
j. a particular sound heard at the same time

CHECK IT

1. I'm going **to** Taipei on a business trip next week.
   나는 다음 주에 타이페이로 출장을 간다.
   (where someone or something goes)

2. The most common reason why people go **to** fitness centers is health.
   사람들이 헬스클럽에 가는 가장 흔한 이유는 건강이다.
   (purpose, event, or activity)

3. Don't show your worksheet **to** anyone else.
   연습지를 다른 누구에게도 보여주지 마시오.
   (who receives something)

4. Wait until the lights change **to** green.
   신호등이 초록색으로 바뀔 때까지 기다리시오.
   (a result of an action or change)

5. The water came right up **to** his knees.
   물이 그의 무릎 높이까지 올라왔다.
   (as far as a particular point or limit)

6. What have you done **to** the radio? It's not working.
   라디오에 무슨 짓을 한 거야? 작동을 안 하잖아.
   (affecting or related to)

7. I like to exercise **to** music.
   나는 음악에 맞추어 운동하는 것을 좋아한다.
   (a particular sound heard at the same time)

8. Have you found the key **to** the back door?
   뒷문 열쇠를 찾았나요?
   (what something is needed for)

9. We will stay from Friday night **to** Sunday morning.
   우리는 금요일 밤부터 일요일 아침까지 머물 예정이다.
   (until and including a particular time)

10. The boy tied a rope **to** a tree.
    그 소년은 밧줄을 나무에 묶었다.
    (fastened or connected)

① 도착지점, 방향

· They came **to** a pond.
그들은 연못에 왔다.
· The very old man pointed **to** a bunch of high grass.
매우 연세가 많으신 노인 분이 한 묶음의 키 큰 풀들을 가리켰다.
· The wolf went out **to** a warren where there were lots of rabbits.
늑대가 많은 토끼들이 있었던 토끼장 쪽으로 갔다.
· She lifted them **to** a tree, and the birds grasped a branch.
그녀는 그들을 나무까지 들어 올렸고 새들은 가지를 잡았다.
· She and an old babysitter who always put children **to** bed early so she could watch television.
그녀와 TV를 보려고 아이들을 늘 일찍 재웠던 나이 든 보모.
· He is going to market.
그는 시장에 갈 것이다.

to 전치사의 도착점으로의 쓰임과 관련하여 종종 실수하는 것이 Let's go swimming to the pool과 같이 사용하는 것이다. 화자의 의도는 "수영하러 수영장에 가자"이지만 이 경우의 의미는 "수영을 하면서 수영장에 가자"가 된다. 따라서 Let's go swimming in the pool 또는 Let's go to the swimming pool이라야 한다. 비슷한 맥락으로 Let's go skiing to Alps도 역시 "스키를 타면서 알프스까지 가자"이다. 따라서 Let's go skiing in the Alps라 해야 한다.

② 대상

· It's nice to have the house **to** ourselves again.
온전히 우리들이 집을 차지하니 좋다.
· Then she looked every room to see if she could find a clue **to** what was missing.

그리고 나서 그녀는 사라진 것에 대한 단서를 찾으려고 모든 방을 들여다 보았다.

· The Kapok tree is home **to** many birds and animals.
카폭 나무는 많은 새들과 동물들에게 집이다.

· They chattered **to** the sleeping man.
그들은 잠을 자고 있는 남자에게 수다를 떨었다.

③ 일치

· They danced **to** the music.
그들은 음악에 맞춰 춤을 추었다.

· Executives earn salaries and bonuses tied **to** profits and performance of the organizations they lead.
경영진은 이익과 그들이 이끄는 기업의 성과에 맞춰 월급과 보너스를 받는다.

· Conformity- a willingness and ability to conform **to** group standards and values.
일체감이란 그룹의 표준과 가치에 부응하려고 하는 의지와 능력을 말한다.

④ 한계, 장애

· There as, after all, a limit **to** the amount of dressing up you could do with Dad's old shirts and a few ties.
아빠의 오래된 셔츠와 몇 개의 넥타이를 가지고 네가 꾸밀 수 있는 데에는 결국 한계가 있을 것이다.

· Medication issues also remained a barrier **to** recovery for some clients.
의료문제는 일부 환자들이 회복하는 데 여전히 장애로 남아있다.

· The most frequently mentioned system barrier **to** recovery was a poor therapeutic environment,
가장 빈번하게 언급되는 회복에 대한 제도적 장애는 형편없는 치료 환경이다.

· The bear is an obstacle **to** progress.
곰이 발전의 장애가 된다.

⑤ 소속, 소유

· All the stories **belonged to** my father, the famous writer in Korea.
모든 이야기는 나의 아버지 것이다. 그 분은 한국에서 유명한 작가시다.

· Even Earl, their cat, had a room **to himself.**
그들의 고양이인 얼조차도 자신의 방이 있다.

· It's nice to have the **house to ourselves** again.
다시 우리 집을 갖게 되어 좋다.

· He is secretary **to the managing director.**
그는 경영감독의 비서이다.

⑥ 결과

. Suddenly the stairs **came to an abrupt end.**
갑자기 계단이 끝났다.

· We said whatever **came to mind.**
우리는 뭐든지 마음속에 떠오는 것을 말했다.

⑦ 비교

· Don't **compare** it **to** your girl friend.
그것을 너의 여자 친구와 비교하지 말아라.

· I **prefer** coffee **to** tea.
나는 차보다 커피를 선호한다.

· This bike is **superior to** that.
자전거가 저것보다는 낫다.

⑧ 숙어/ 관용어

· Pregnant women **are entitled to** health care.
임신한 여성은 건강 돌봄을 받을 권리가 있다.

· Rod **was automatically sentenced to** life in prison .
로드는 자동적으로 종신형을 선고 받았다.

· It seems to have helped a lot of Vietnam veterans **come to peace** in their own mind.
그것은 베트남 전 참전 군인들이 마음의 평화를 찾는 데 많이 도움을 준 것 같다.

· Bond yields have fallen and they **are tied to** mortgage rates.
본드의 가치는 떨어졌고 그 것은 집 담보율과 연동되어 있다.

· I think it certainly took me some years to **come to terms** with it.
내 생각엔 그 것을 받아들이는 데 확실히 몇 년이 걸렸다.

코카세션

전치사 'to'가 일상생활 속에서 가장 빈번히 사용되는 경우는 장소의 이동과 관련하여 사용될 때일 것이다. 이것을 확인하기 위해 코카 코퍼스에 "_v* to _nn*(모든 동사+to+모든 명사)"로 사용되어진 어휘군을 상위 50위까지 출력시켜 본 결과 아래와 같은 어휘군의 리스트를 출력시켰다.

going to work
go to school
went to work
go to work
go to bed
go to college
go to war
go to sleep
go to bed
went to school
going to school
talk to people
go to church
going to war
went to college
went to sleep
go to hell
going to bed
going to college
talking to people
go to court
shot to death

sentenced to death
came to mind
go to trial
put to death
listening to music
go to prison
came to town
return to work
went to court
say to people
went to prison

결국 우리는 학교 가고, 대학 가고, 일하러 가고, 잠을 자며 틈틈이 말도 하며, 욕(go to hell) 한번 잘못했다가 고소당해 법정(go to court, go to trial)에 끌려가 이런 저런 처벌(sentenced to death)을 받고, 감옥(go to prison)에서 살다, 물론, 가끔 음악도 들으며 다시 일하러 가고(return to work), 그러다 죽음(put to death)에 이르게 되는 일상을 산다는 것으로 나온다. 그러다 죽음의 방식에 몇

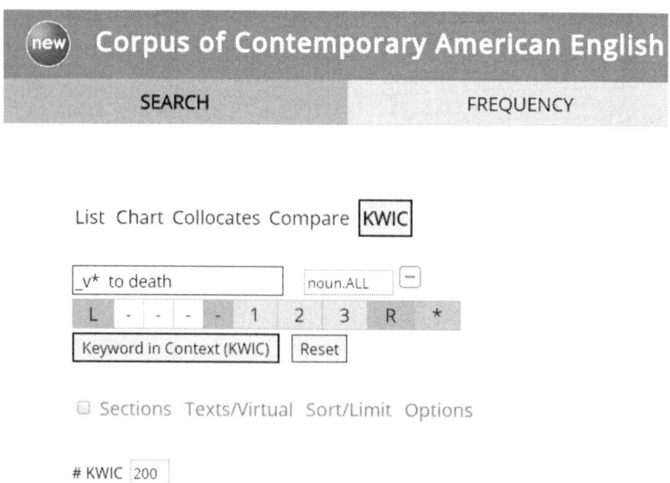

<그림 9> 죽음의 방식과 관련된 표현 찾기

가지나 있나 하는 호기심에 사로잡혀 다시 한 번 코카에게 물어보니 그 다양함에 기가 차 함께 공유하고 싶어 정리해 본다.

· Two men **were sentenced to death.**
두 남자는 사형에 처해졌다.
· Millions **starved to death** or **were executed by** the secret police.
수백만의 사람들이 굶어 죽었거나 비밀경찰에 의해 처형되었다.
· **I was thrilled to death** when Bob called, and I'm excited about it.
Bob이 전화를 했을 때 나는 흥분해 죽을 것 같았다. 그리고 지금도 흥분된다.
· There was a lawsuit that claimed police **beat to death** a Hispanic teenager, then made it look like a suicide.
경찰이 10대 히스파닉 청년을 때려 죽이고 자살한 것처럼 꾸몄다고 주장하는 고소가 있었다.
· I'll **worry to death** about you.
네 걱정을 하느라 죽을 것 같다.
· Three Kurdish demonstrators **were shot to death.**
세 명의 쿠르드 계열로 데모한 사람들이 총에 맞아 죽었다.
· She **was burned to death.**
그녀는 불에 타 죽었다.
· He **bled to death** as he ran away.
그는 도망가면서 피를 흘리며 죽었다.
· She**'s stabbed to death** at the end of the film.
그녀는 영화의 끝부분에서 칼에 찔려 죽었다.
· Very few people **freeze to death** because the coming of cold weather is known in advance.
날씨가 추워진다는 것을 미리 알기 때문에 얼어죽는 사람은 거의 없다.
· To put it mildly, were scared, **scared to death.**
부드럽게 표현해, 무서워 죽었다.
· Many victims survive the accident but **bleed to death** before EMTs arrive.

많은 희생자들이 사고에서 살아남지만 응급차가 오기 전에 출혈로 죽는다.

· Young mother apparently **beaten to death** by a man wielding a hammer.
젊은 엄마가 망치를 휘두르는 남자에 의해 맞아 죽었다.

· In 1972 he **was crushed to death** by falling masonry while working to rescue parts of the Chicago.
1972년에 그는 시카고에서 구조 활동 중 떨어지는 돌 벽돌에 깔려 죽었다.

· 11-month-old son, when he **was shaken to death** by his sitter, a grandmother herself . . .
11개월짜리 아이가 보모인 친할머니에 의해 흔들려 죽었을 때 . . .

· Putting naked into a barrel lined with nails and **dragged to death** by horses.
못 박힌 통에 옷을 벗겨 집어넣고 말로 하여금 끌게 하여 죽였다.

· They hear the screams of their wounded comrades **being tortured to death** by the Indians.
그들은 인디안에 의해 고문을 받으며 죽어가는 부상당한 동지들의 비명소리를 듣고 있다.

· She would **be trampled to death** in another moment. Her horse had remained remarkably steady.
그녀는 순간 밟혀 죽었을 것이다. 그녀의 말은 놀랄 만큼 태연했다.

· A dog **smothered to death** in the scorch of summer.
개가 뜨거운 여름에 질식당해 죽었다.

· She **was choked to death** on her own vomit in a motel room.
그녀는 모텔방에서 자신의 구토물에 질식당해 죽었다.

· Little Jennifer **was** slowly **strangled to death.**
어린 제니퍼가 천천히 목이 매달려 죽었다.

· They seemed almost **tickled to death.**
그들은 거의 간지러워 죽을 지경으로 보였다.

· We are being **nibbled to death** with extra transfer charges and longer travel times.
우리는 추가적인 송신요금과 길어진 여행시간으로 인해 조금씩 죽어가고 있었다.

· I was just going to **be bored to death.**
나는 지루해 죽을 것이었다.
· Finally he had **been stoned to death.**
결국 그는 돌에 맞아 죽었다.
· Cows, pigs, and donkeys have all **been stung to death.**
소들과 돼지들 그리고 당나귀들이 벌의 쏘여 죽었다.
· My people have **been taxed to death.**
사람들이 과도한 세금으로 인해 죽었다.
· 300 children **abused and neglected to death.**
학대와 방치로 죽은 300여 명의 아동들.
· Those who jumped into canals or pools **were boiled to death.**
운하와 수영장에 뛰어든 사람들은 삶아져 죽었다.

EXERCISE 5 (FROM, TO)

다음 문장의 의미에 적절한 전치사를 골라보세요.

정답은 뒷면에서 확인하세요. ☞

1. He was so busy listening to compliments [from / to] everyone.

2. It's nice to have the house [from / to] ourselves again.

3. Readers may start borrowing for the vacation [from / to] Monday 29 November.

4. Joe snatched the book from her hand.

5. He put on a pair of dark glasses to protect his eyes [from / to] the glare and went outside.

6. The most frequently mentioned system barrier [from / to] recovery was a poor therapeutic environment,

7. She took a fork [from / to] a lady standing nearby and held it out to Anthony.

8. He had to stop himself [from / to] whistling all the way to Park Avenue.

ANSWERS: EXERCISE 5 (FROM, TO)

1. He was so busy listening to compliments [from] everyone.
   그는 모든 사람들의 칭찬을 듣느라 분주했다.

2. It's nice to have the house [to] ourselves again.
   다시 우리 집을 갖게 되어 좋다.

3. Readers may start borrowing for the vacation [from] Monday 29 November.
   독자들은 아마도 11월 29일 월요일부터 휴가를 위해 도서 대출을 할 것이다.

4. Joe snatched the book [from] her hand.
   우연히도 2008년 11월 18일부터이다.

5. He put on a pair of dark glasses to protect his eyes [from] the glare and went outside.
   그는 뜨거운 태양으로부터 눈을 보호하기 위해 짙은 안경을 쓰고 나갔다.

6. The most frequently mentioned system barrier [to] recovery was a poor therapeutic environment,
   가장 빈번하게 언급되는 회복하는 데 있어 제도적 장애는 형편없는 치료 환경이다.

7. She took a fork [from] a lady standing nearby and held it out to Anthony.
   그녀는 근처에 서 있는 부인의 포크를 가져가 앤쏘니에게 건넸다.

8. He had to stop himself [from] whistling all the way to Park Avenue.
   그는 파크에버뉴까지 가는 내내 휘파람을 불지 않아야만 했다.

EXERCISE 6 (FROM, TO, AT, IN)

전치사 from, to, at, in 중에서 하나를 골라 다음 문장을 완성해보세요.

정답은 뒷면에서 확인하세요. ☞

1. The tree holds off the wind and keeps the wind ____ blowing the roof off the house sometimes.

2. He packed linen made ____ flax they grew.

3. She looked every room to see if she could find a clue ____ what was missing.

4. The chef put the pizza ____ the oven.

5. That would save me ____ having to do it.

6. Which one is different ____ the rest?

7. She's mad ____ me because I forgot to feed the cats yesterday.

ANSWERS: EXERCISE 6 (FROM, TO, AT, IN)

1. The tree holds off the wind and keeps the wind [from] blowing the roof off the house sometimes.
   나무가 바람을 잡아 줘 집의 지붕이 이따금 날아가지 못하도록 했다.

2. He packed linen made [from] flax they grew.
   그는 그들이 키운 아마로부터 만든 린넨을 포장했다.

3. She looked every room to see if she could find a clue [to] what was missing.
   그녀는 사라진 것에 대한 단서를 찾으려고 모든 방을 들여다보았다.

4. The chef put the pizza [in] the oven.
   요리사는 오븐에 피자를 넣었다.

5. That would save me [from] having to do it.
   그것이 내가 그 것을 하지 않아도 되게 했다.

6. Which one is different [from] the rest?
   어느 것이 다른 것들과 다르냐?

7. She's mad [at] me because I forgot to feed the cats yesterday.
   그녀는 내가 어제 고양이 먹이 주는 것을 잊어서 나에게 화가 났어.

EXERCISE 7 (FROM, TO, IN, ON)

다음 문장을 읽고 전치사가 잘못 사용된 경우 전치사를 고쳐 보세요.

정답은 뒷면에서 확인하세요. ☞

1. The wolf went out to a warren where there were lots of rabbits.

2. Dogs must always be kept from a lead in built-up areas.

3. A court has banned websites in showing it in Istanbul unapproachable.

4. It's nice to have the house on ourselves again.

5. This is the funniest thing I've ever seen from my life.

6. They prevent me on thinking about the things I would prefer to forget.

7. Executives earn salaries and bonuses tied to profits and performance of the organizations they lead.

8. The bear is an obstacle from progress.

ANSWERS: EXERCISE 7 (FROM, TO, IN, ON)

1. The wolf went out [to] a warren where there were lots of rabbits.
   늑대가 많은 토끼들이 있었던 토끼장 쪽으로 갔다.

2. Dogs must always be kept [~~from~~ → on] a lead in built-up areas.
   시가지에서 개들은 항상 줄에 매어두어야 한다.

3. A court has banned websites [~~in~~ → from] showing it in Istanbul unapproachable.
   법정은 이스탐불에서 접속이 불가능한 웹사이트를 보는 것을 금했다.

4. It's nice to have the house [~~to~~ → on] ourselves again.
   온전히 우리들이 집을 차지하니 좋다.

5. This is the funniest thing I've ever seen [~~from~~ → in] my life.
   이것은 내 생애에 본 것 중 가장 재미있는 일이다.

6. They prevent me [~~on~~ → from] thinking about the things I would prefer to forget.
   그들은 내가 잊고 싶어 하는 것을 생각하지 못하게 한다.

7. Executives earn salaries and bonuses tied [to] profits and performance of the organizations they lead.
   경영진은 이익과 그들이 이끄는 기업의 성과에 맞춰 월급과 보너스를 받는다.

8. The bear is an obstacle [~~from~~ → to] progress.
   곰이 발전의 장애가 된다.

EXERCISE 8 (FROM, TO, AT, IN)

다음 문장의 의미에 맞는 전치사를 골라보세요.

정답은 뒷면에서 확인하세요. ☞

1. Nicki wanted his new mittens made ____ wool as white as snow.
   a. in　　　　b. from

2. Even Earl, their cat, had a room ____ himself.
   a. at　　　　b. to

3. I don't understand why she shouted ____ me.
   a. at　　　　b. to

4. The city makes certain that people are not ____ danger from mosquito poison.
   a. at　　　　b. in

5. We said whatever came ____ mind.
   a. from　　　　b. to

6. My professor is an expert ____ anthropology.
   a. to　　　　b. in

7. Don't compare it ____ your girl friend.
   a. from　　　　b. to

8. He felt the steamy mist rising ____ the forest floor.
   a. on　　　　b. from

ANSWERS: EXERCISE 8 (FROM, TO, AT, IN)

1. Nicki wanted his new mittens made [from] wool as white as snow.
   니키는 자신의 새 장갑을 흰 눈같이 하얀 울로 만들기를 원했다.

2. Even Earl, their cat, had a room [to] himself.
   그들의 고양이인 얼조차도 자신의 방이 있다.

3. I don't understand why she shouted [at] me.
   그녀가 왜 나에게 소리를 질렀는지 이해가 안 돼.

4. The city makes certain that people are not [in] danger from mosquito poison.
   시정부는 모기의 위험으로부터 시민들이 위험에 빠지지 않도록 확실히 한다.

5. We said whatever came [to] mind.
   우리는 뭐든지 마음속에 떠오는 것을 말했다.

6. My professor is an expert [in] anthropology.
   우리 교수님은 인류학에 권위자이시다.

7. Don't compare it [to] your girl friend.
   그 것을 너의 여자친구와 비교하지 말아라.

8. He felt the steamy mist rising [from] the forest floor.
   그는 숲의 바닥에서부터 올라오는 짙은 안개를 느꼈다.

FOR

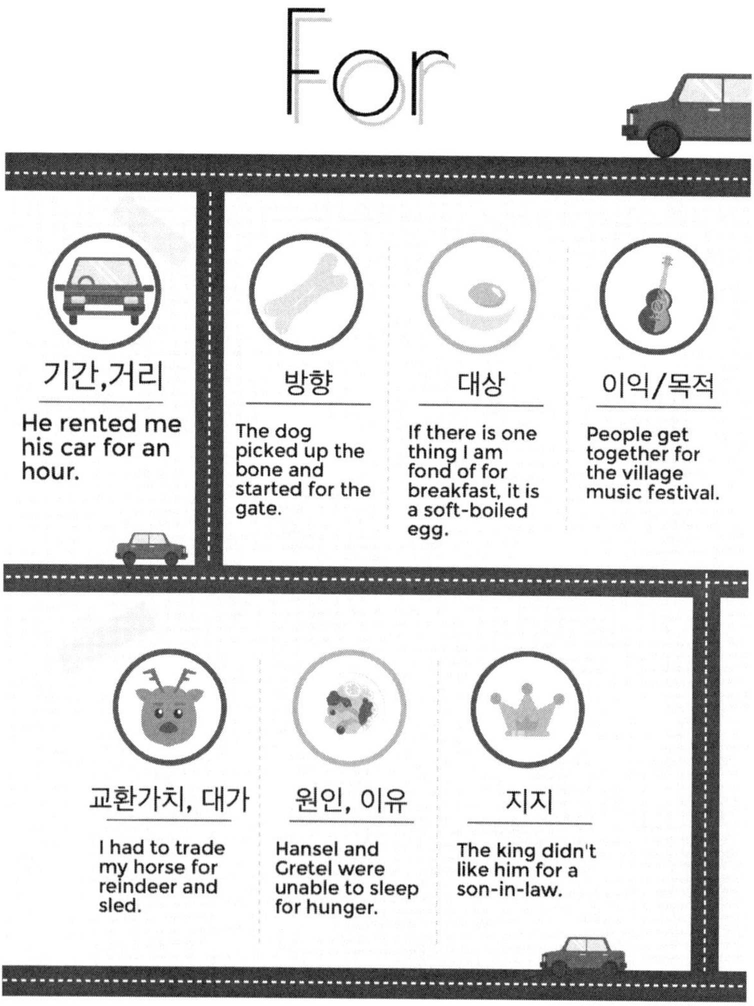
For
기간,거리
He rented me his car for an hour.
방향
The dog picked up the bone and started for the gate.
대상
If there is one thing I am fond of for breakfast, it is a soft-boiled egg.
이익/목적
People get together for the village music festival.
교환가치, 대가
I had to trade my horse for reindeer and sled.
원인, 이유
Hansel and Gretel were unable to sleep for hunger.
지지
The king didn't like him for a son-in-law.

PREVIEW

다음 문장을 읽고 전치사 for가 어떤 의미로 쓰였는지 생각해보세요.

정답은 뒷면에서 확인하세요. ☞

1. Someone left a message **for** you.

2. Let me carry that bag **for** you.

3. I paid $50 **for** a ticket.

4. A: How long did you live in Germany?
   B: Oh, **for** about seven years.

5. I usually leave **for** work at 7:30.

6. George was arrested **for** drunk driving.

7. I bet he is the best person **for** the job.

8. I've worked **for** FedEx since 1998, when I graduated from university.

a. duration
b. related to
c. because of
d. company or team you belong to
e. who is intended to get something
f. where a person or vehicle is going
g. in order to help someone or something

CHECK IT

1. Someone left a message **for** you.
   어떤 사람이 너에게 메시지를 남겼다.
(who is intended to get something)

2. Let me carry that bag **for** you.
   가방을 대신 들어줄게.
(in order to help someone or something)

3. I paid $50 **for** a ticket.
   티켓 한 장에 50달러를 지불했다.
(who is intended to get something)

4. A: How long did you live in Germany?
   B: Oh, **for** about seven years.
   A: 독일에 얼마나 사셨나요?
   B: 아, 7년 정도에요.
(duration)

5. I usually leave **for** work at 7:30.
   나는 대개 7시 30분에 일하러 나갑니다.
(where a person or vehicle is going)

6. George was arrested **for** drunk driving.
   George는 음주 운전으로 체포되었다.
(because of)

7. I bet he is the best person **for** the job.
   나는 그가 그 일에 대해선 최고의 인물이라고 확신한다.
(related to)

8. I've worked **for** FedEx since 1998, when I graduated from university.
   나는 대학을 졸업한 1998년 이후로 FedEx에서 일해왔다.
(company or team you belong to)

① 기간, 거리

· He rented me his car **for** an hour.
그는 그의 차를 한 시간 동안 빌렸다.
· The very old woman thought **for** a while.
연세 든 여인이 한동안 생각했다.
· They ate in silence **for** a long time.
그들은 오랫동안 침묵하며 먹었다.
· He had to walk **for** 10km.
그는 10키로를 걸어야 했다.
· He had been saying the same things **for years.**
그는 같은 말을 수년간 해오고 있었다.
· She talked for twenty-two minutes without stopping.
그녀는 멈추지 않고 22분간 말했다.

※ 'for'와 'during'
전치사 'during'은 '어떤 일이 언제 일어났느냐'에 초점이 있다. 아래 예문들을 보면서 그 차이를 감지해 보자. 반면에 'for'는 '얼마 동안'에 초점이 있다.

· Swenson received the Medal of Honor Tuesday for his courage **during a firefight** with the Taliban.
스웬슨은 화요일 탈레반과의 싸움 중 그가 보여준 용기로 명예훈장을 받았다.
· The recent discovery tells us that the brain can add nerve cells **during adult life.**
최근의 발견은 뇌세포가 성인시기 중에도 확장될 수 있음을 말하고 있다.
· People want to provide adult supervision **during after-school hours** for high-risk children.
사람들은 고위험군 아동을 위한 방과 후 프로그램 중 어른들의 지도가 제공되기를 원한다.

· He asked his father, finally, **during dinner**.
마침내 그는 저녁 식사 중 아버지에게 물었다.

② 방향

· He headed **for** home.
그는 집을 향했다.
· The dog picked up the bone and started **for** the gate.
개는 뼈를 집어 물고서 정문으로 향했다.
· He took the bus **for** Seoul.
그는 서울행 버스를 탔다.

※ 'towards'의 쓰임
방향을 나타내는 'for'와 다른 쓰임을 감지하기 위해 아래 예문들에서 'towards' 대신에 'for'를 사용해 보는 것이다.

· He pulled out his deposit and pushed the check towards her.
그는 예금을 꺼내 수표를 그녀 쪽으로 들이 밀었다.
· Behind him, a statue has started coming towards him.
그의 뒤에서 조각이 그를 향해 움직이기 시작했다.
· Sex Differences in Attitudes towards Homosexual Persons.
동성애자를 향한 태도에 있어 성별 차이.
· At the moment he's moving towards Iran.
그 순간 그는 이란을 향해 가고 있다.
· Arabs complain that the United States is biased towards Israel.
아랍은 미국의 이스라엘에 대한 편향된 태도에 대해 불평하고 있다.

위 5개의 예문에서 하나같이 전치사 'for'로 'towards'를 대체할 수 없다.

③ 대상

· I have been waiting **for** you.
나는 너를 기다려 왔다.
· If there is one thing I am fond of **for** breakfast, it is a soft-boiled egg.
내가 아침 식사로 좋아하는 것이 있다면 살짝 익힌 부드러운 삶은 달걀이다.
· This bike is **for** beginners.
이 자전거는 초보자용이다
· While she waited **for** the bus, she kept singing.
그녀는 버스를 기다리는 동안 계속 노래를 불렀다.
· He had a vegetable salad **for** supper.
그는 저녁으로 야채샐러드를 먹었다.
· He called **for** his maid to clean up the mess.
그는 어질러진 것을 치우기 위해 가정부를 불렀다.

④ 이익 또는 목적

· She worked so hard **for her mother.**
그녀는 그녀의 엄마를 위해 정말 열심히 일했다.
· People get together **for the village music festival.**
사람들이 마을 음악 축제를 위해 모두 모였다.
· I have many ideas **for easing** their hard lives.
나에겐 그들의 어려운 삶을 달래주기 위한 많은 안들이 있다.
· Let's keep it **for a rainy day.**
어려울 때를 위해 간직하자.
· Look around the room **for clues.**
단서를 찾기 위해 방을 둘러보아라.

⑤ 교환가치, 대가

· I don't mind doing a **swap** with you-your cow **for** my beans.
 나는 너의 소와 나의 콩을 맞바꾸는 것을 개의치 않는다.
· I had to **trade** my horse **for** reindeer and sled.
 나는 내 말과 사슴, 썰매를 맞바꾸어야 했다.
· The bank **exchanged** them **for** ten-dollar bills.
 은행은 그 것들을 10불과 교환했다.

⑥ 원인, 이유

· What is all this **for**?
 이게 다 뭣 때문이지?
· Hansel and Gretel were unable to sleep **for hunger**.
 한셀과 그레텔은 배가 고파 잠을 잘 수 없었다.
· What are you stopping for?
 왜 멈춘거지?
· You will be remembered **for a different reason**.
 너는 다른 이유로 기억될 것이다.
· People had suffered terrible torture and punishment **for not following tradition.**
 사람들은 전통을 따르지 않았다는 이유로 지독한 고문과 벌을 받았다.

⑦ 지지

· OK. this is my idea. Are you all **for** it?
 좋아. 이것이 내 생각이야. 모두 찬성하는건가?
· Vote **for** John.
 존에게 지지해달라.

· The king didn't like him **for** a son-in-law.
왕은 사윗감으로 그를 좋아하지 않았다.

코카세션

전치사 'for'의 의미별 사용빈도를 알라보기 위해 한 가지 구문 'be동사+모든 형용사+ for(_vb* _j* for)'의 검색을 통해 KWIC(Key Word in Context)의 방식으로 출력 상위 50위까지를 대상으로 분류하면 아래 출현 결과와 같다.

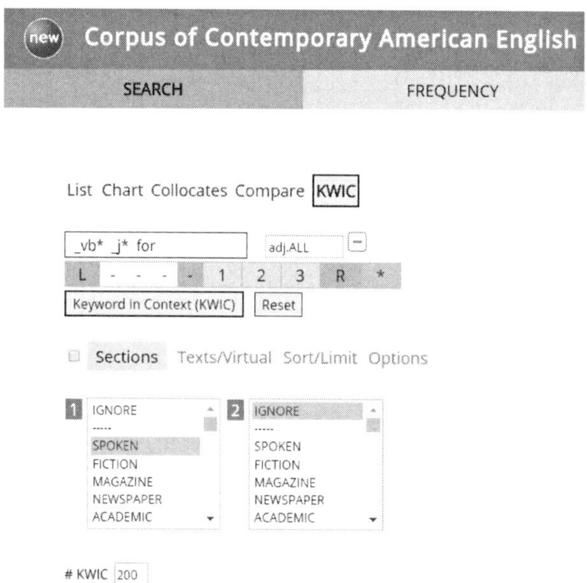

<그림 10> 'be동사+모든 형용사+ for(_vb* _j* for)' 검색창

1. Well, I 've been married **for** 16 years,(기간)
2. They've been married **for** 31 years.(기간)
3. They've been married **for** 32 years, (기간)
4. Instead of making decisions about **what is best for** a child based on what is best for the child, (이익, 목적)
5. If nothing else, I thought it might **be good for** a few laughs.(이익, 목적)
6. and other things that **are routine for** a forensic pathologist to do have

not been done,(대상)
then you

7. I think the people of the United States **are ready for** a frank, adult conversation about it. (대상)
8. diminish my status as a girl because it**'s OK for** a girl to be short in a way that it wasn't, (대상)
9. Republican, California: I know it**'s hard for** a lot of people to believe. (대상)
10. And she **was quiet for** a minute. She goes, Peggy's dead . (기간)
11. It would **be hard for** a person, a. m. or any father or parent to.(대상)
12. There are certainly many people who **are suicidal for a while,**(기간)
13. The secretary actually **is responsible for** a whole department. (대상)
14. Not at all. And **it's frustrating for a** whole lot of us to see what 's going on there.(대상)
15. because it really **is different for** almost every movie that comes, (대상)
16. And they're not supposed to **be ready for** another year to 18 months now. (기간)
17. reflect the vice president today said it **was unprecedented for** any major party candidate to, in his words, stiff the.(대상)
18. if U.S. forces are called upon, they are ready for anything that may come their way, (대상)
19. You **are renowned for** asking tough, blunt questions. (이유)
20. Here, the man **is responsible for** attaching his own label to the container and is then instructed.(대상)

이 경우 기간과 대상의 의미로 주로 사용되었음을 알 수 있다.

'동사+for+명사'의 구문 안에서 사용되는 전치사 'for'의 빈도 순위별 리스트는 아래와 같다. 어느 의미로 가장 사용이 많이 되었는지 빈도를 가리키는 숫자

옆에 적어보자.

1	RUNNING FOR PRESIDENT	1482	(목적)
2	RUN FOR PRESIDENT	1216	
3	LOOKING FOR WORK	695	(대상)
4	LOOKING FOR WAYS	677	
5	FILED FOR BANKRUPTCY	572	
6	ASK FOR HELP	569	
7	RUN FOR OFFICE	564	
8	RUNNING FOR OFFICE	506	
9	RAN FOR PRESIDENT	446	
10	ASKING FOR HELP	392	
11	REACHED FOR COMMENT	376	
12	ADJUSTED FOR INFLATION	364	
13	FILED FOR DIVORCE	356	
14	LOOK FOR WAYS	321	
15	EDITED FOR LENGTH	320	
16	GASPING FOR AIR	318	
17	CALL FOR HELP	306	
18	GASPING FOR BREATH	285	
19	BUY FOR DETAILS	270	
20	IS FOR PEOPLE	249	
21	KNOWN FOR YEARS	246	
22	RUNNING FOR GOVERNOR	246	
23	RUN FOR GOVERNOR	244	
24	DESIGNED FOR USE	237	
25	LEFT FOR WORK	229	
26	LOOKING FOR PEOPLE	223	
27	ASKED FOR HELP	214	

OF

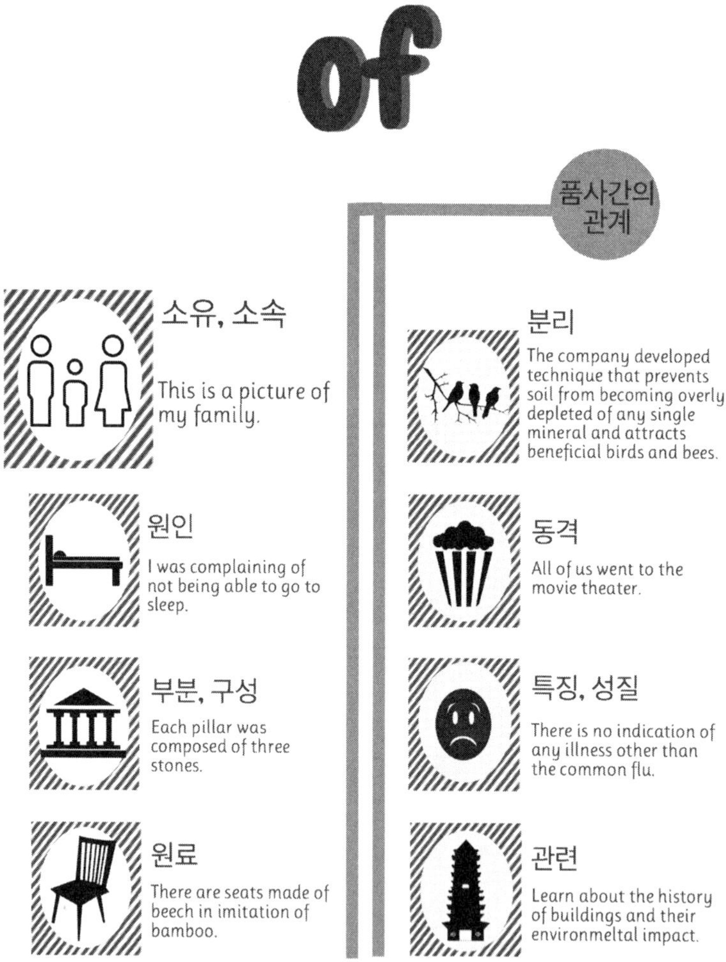
of
품사간의 관계
소유, 소속
This is a picture of my family.
원인
I was complaining of not being able to go to sleep.
부분, 구성
Each pillar was composed of three stones.
원료
There are seats made of beech in imitation of bamboo.
분리
The company developed technique that prevents soil from becoming overly depleted of any single mineral and attracts beneficial birds and bees.
동격
All of us went to the movie theater.
특징, 성질
There is no indication of any illness other than the common flu.
관련
Learn about the history of buildings and their environmeltal impact.

PREVIEW

다음 문장을 읽고 전치사 of가 다음 a~h 중 어떤 의미로 쓰였는지 생각해보세요.

정답은 뒷면에서 확인하세요. ☞

1. I had a pain in the back **of** my leg.
2. Would you like a cup **of** coffee?
3. If a man would know the magnitude of human genius, he should read the plays **of** Shakespeare.
4. He is considered to be a man **of** great determination.
5. She has two children, a boy **of** 6 and a girl **of** 4.
6. Romaine salad is a favorite **of** mine.
7. How much does a teaspoon **of** baking soda weigh in grams?
8. This novel is a story **of** love and revenge.

a. someone's age
b. amount of substance
c. what a part belongs to
d. what something contains
e. main qualities or features
f. what a story or some news is about
g. who something or someone belongs to
h. things produced by a famous writer or artist

CHECK IT

1. I had a pain in the back **of** my leg.
   나는 다리 뒤쪽에 통증이 있었다.
(what a part belongs to)

2. Would you like a cup **of** coffee?
   커피 한 잔 하시겠어요?
(what something contains)

3. If a man would know the magnitude of human genius, he should read the plays **of** Shakespeare.
   인간의 천재성의 위대함을 알려거든 Shakespeare의 희곡을 읽어야 한다.
(things produced by a famous writer or artist)

4. He is considered to be a man **of** great determination.
   그는 대단한 투지를 지닌 인물로 여겨진다.
(main qualities or features)

5. She has two children, a boy **of** 6 and a girl **of** 4.
   그녀에게는 두 아이 즉, 6살 난 사내아이와 4살 난 여자아이가 있다.
(someone's age)

6. Romaine salad is a favorite **of** mine.
   로메인 샐러드는 내가 좋아하는 음식이다.
(who something or someone belongs to)

7. How much does a teaspoon **of** baking soda weigh in grams?
   베이킹 소다 한 스푼은 그램으로 얼마인가요?
(amount of substance)

8. This novel is a story **of** love and revenge.
   이 소설은 사랑과 복수의 이야기이다.
(what a story or some news is about)

전치사 'of'는 모든 전치사 중 가장 기능적인 것으로 본다. 즉 자체 의미를 갖기보다는 문장 내 품사간의 관계를 맺어주는 데 주요 역할을 한다는 것이다. 하지만 그 쓰임의 사례를 분석해 보면 완전히 그렇지만은 않음을 알 수 있다.

① 소유, 소속

· The government tries to prevent this mass from exercising too much influence on policy **of** the three parties.
정부는 이 미사가 세 정당의 정책에 지나친 영향력을 행사하는 것을 막으려 한다.
· There were 43 cases **of** these.
이러한 유의 사례들로 43개가 있다.
· I absolutely was saving the rest **of** my money.
나는 틀림없이 내 돈의 일부를 저축하고 있었다.
· Each cat took a sip **of** water.
각 고양이는 물 한 모금을 마셨다.
· This is a picture **of** my family.
이것이 우리 가족 사진이다.

② 원인

· Her mother is believed to have **died of AIDS**.
그녀의 어머니는 후천성면역결핍증으로 돌아가셨다.
· She **was terrified of** anything happening to the baby.
그녀는 아기에게 무슨 일이 생길까 두려워했다.
· The city took guns away from police who **have been convicted of** domestic violence offenses.
시당국은 가정폭력으로 기소 당한 경찰로부터 총기를 압수해갔다.
· **I was complaining of** not being able to go to sleep.
나는 잠을 못자기 때문에 불평을 했었다.

· It's like he's **dying of sadness.**
마치 그는 슬픔에 겨워 죽어가는 듯 했다.

③ 부분, 구성

· Which **one of you** the prettiest?
너희 둘 중 누가 더 예쁘냐?
· The referral **consists of** several parts.
소개위탁은 몇 가지 부분으로 이루어져 있다.
· Each pillar **was composed of** three stones.
각 기중은 3개의 돌로 이루어져 있다.
· What If God Were One Of Us?
만일 신이 우리 중 하나라면?

④ 원료

· There are seats **made of beech** in imitation of bamboo.
대나무를 모방한 너도밤나무로 만든 의지들이 있다.
· She purchased an inexpensive gray cardigan **made of something synthetic.**
그녀는 인조소재로 만든 비싸지 않은 회색 카디건을 구입했다.

⑤ 분리

· Now she's **been robbed of** her courage.
그녀의 용기가 바닥났다.
· Let's **get rid of** her.
그녀를 제거합시다.
· The company developed technique that prevents soil from becoming overly **depleted of** any single mineral and attracts beneficial birds and bees.

그 회사는 토양에서 어느 한 광물질이 지나치게 결핍되는 것을 방지해 이로운 조류와 벌들을 끌어 모으는 기술을 개발했다.

⑥ 동격

· **All of us** went to the movie theater.
우리 모두 영화관에 갔다.

· He rented a Persian music concert at Lincoln Center and got **a crowd of 2,000.**
그는 링컨센터에 페르시아음악 홀을 임대해 2,000명의 관객을 모았다.

· He got a perfect **score of 5** on his writing assignment.
그는 그의 쓰기 과제에서 완벽한 5점을 받았다.

⑦ 특징, 성질

· We are **men of action.**
그는 행동하는 인물이다.

· Stalin planned **a war of assault** against Nazi Germany.
스탈린은 나치독일을 대상으로 공격할 계획을 세웠다.

· Department of Public Works produces a report showing **evidence of bribery and corruption** within the cab industry.
공공과업 부서는 택시산업분야에서 뇌물과 부정부패가 있다는 증거를 보여주는 보고서를 내놓는다.

· The **image of separation** appears most powerfully.
이별의 이미지가 가장 강한 것으로 보였다.

· There is no **indication of any illness** other than the common flu.
일반 감기 말고는 다른 어떤 질환이라는 단서는 없다.

⑦ 관련

· Learn about the **history of buildings** and their environmental impact.
건물의 역사와 그 것이 환경에 미치는 영향에 관해 학습하라.

· I couldn't **think of a thing.**
한 가지도 생각할 수 없었다.

· You may **think of additional information** to include in your own profile.
너는 너의 소개서에 포함시킬 수 있는 추가적인 정보를 생각할 수도 있을 것이다.

· I **hear or read of another soldier** losing his life in Iraq.
나는 이라크에서 생명을 잃은 또 다른 병사에 관해 듣고 읽는다.

· Kids like me could **dream of** being a part of something bigger than themselves.
나 같은 아이들도 우리 자신보다 더 큰 것의 일부가 될 수 있다는 꿈을 꿀 수 있었다.

· In many other neighborhoods, blacks in Crown Heights **complain of crime, drugs and bad schools.**
크라운 하이츠 지역안의 다른 많은 흑인 거주 지역에서 범죄, 마약 그리고 나쁜 학교에 관해 불평을 한다.

· She **recalled of** her own children.
그녀는 자신의 아이들을 회상했다.

· And his latest album is an **album of Christmas songs.**
그리고 그의 최근 앨범은 크리스마스 노래이다.

코카세션

전치사 'of'는 원인, 이유, 분리, 재료, 관련 등의 의미로 사용될 때 구문론적으로 '동사+of+명사'의 형태를 보여주고 있어 더 많은 사례를 찾기 위해 미국영어의 코퍼스인 코카를 활용, 아래 그림과 같이 검색을 했다.

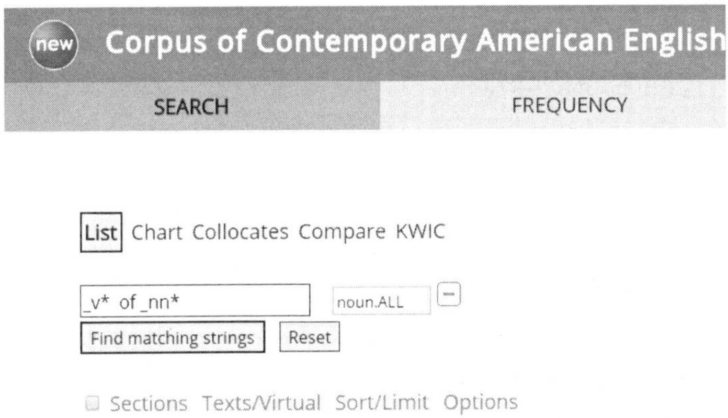

<그림 11> '동사+of+명사' 구문 검색창

그 결과 상위 50위까지 중 이유, 재료, 특성, 관련 등과 연관시킬 수 있는 것들만 리스트 결과를 제시하였다. 앞의 전치사 of의 의미별 분류 사례를 참고하여 빈도 옆에 사용된 의미를 보기와 같이 적어보자.

1	DIED OF CANCER	783	원인
5	MADE OF WOOD	257	재료
7	CONVICTED OF MURDER	244	
9	DIED OF AIDS	215	
11	DYING OF CANCER	196	
12	BE OF SERVICE	169	특성, 성질
13	DIED OF HEART	155	

14	ACCUSED OF MURDER	154	
16	MADE OF GLASS	142	
17	MADE OF STONE	136	
18	DIED OF LUNG	135	
19	BE OF HELP	133	
20	MADE OF STEEL	127	
21	MADE OF PLASTIC	122	
22	BE OF VALUE	120	
23	IS OF CONCERN	108	
24	DIED OF BREAST	106	
25	DIED OF PNEUMONIA	103	
26	MADE OF METAL	102	
27	DIED OF COMPLICATIONS	100	
28	THINK OF WAYS	99	관련
29	BE OF ASSISTANCE	98	
30	DIED OF LEUKEMIA	98	
31	CONVICTED OF CRIMES	93	
33	THINK OF THINGS	84	
34	ACCUSED OF RAPE	81	
35	DIED OF STARVATION	79	
36	MADE OF GOLD	77	
37	ARE OF CONCERN	76	
38	BE OF BENEFIT	74	
39	DYING OF AIDS	73	
40	ACCUSED OF CRIMES	71	
41	MADE OF IRON	70	
42	THINK OF PEOPLE	70	
44	MADE OF ALUMINUM	66	
45	WAS OF INTEREST	65	

46	CONVICTED OF RAPE	63	
47	HEARD OF PEOPLE	62	관련
48	CAST OF CHARACTERS	58	
49	IS OF VALUE	56	
50	DIE OF CANCER		

EXERCISE 9 (FOR, OF)

다음 문장의 의미에 적절한 전치사를 골라보세요.

정답은 뒷면에서 확인하세요. ☞

1. He headed [for, of] home.

2. This is a picture [for, of] my family.

3. I absolutely was saving the rest [for, of] my money.

4. He had a vegetable salad [for, of] supper.

5. She was terrified [for, of] anything happening to the baby.

6. We are men [for, of] action.

7. Let's keep it [for, of] a rainy day.

8. The bank exchanged them [for, of] ten-dollar bills.

ANSWERS: EXERCISE 9 (FOR, OF)

1. He headed [for] home.
   그는 집을 향했다.

2. This is a picture [of] my family.
   이것이 우리 가족 사진이다.

3. I absolutely was saving the rest [of] my money.
   나는 틀림없이 내 돈의 나머지를 저축하고 있었다.

4. He had a vegetable salad [for] supper.
   그는 저녁으로 야채샐러드를 먹었다.

5. She was terrified [of] anything happening to the baby.
   그녀는 아기에게 무슨 일이 생길까 두려워했다.

6. We are men [of] action.
   그는 행동하는 인물이다.

7. Let's keep it [for] a rainy day.
   어려울 때를 대비하기 위해 간직하자.

8. The bank exchanged them [for] ten-dollar bills.
   은행은 그 것들을 10달러와 교환했다.

EXERCISE 10 (FOR, OF, DURING)

전치사 for, of, during 중에서 하나를 골라 다음 문장을 완성해보세요.

정답은 뒷면에서 확인하세요. ☞

1. The very old woman thought ____ a while.

2. The city took guns away from police who have been convicted ____ domestic violence offenses.

3. The recent discovery tells us that the brain can add nerve cells ____ adult life.

4. Vote ____ John.

5. I couldn't think ____ a thing.

6. I have been waiting ____ you.

7. Swenson received the Medal of Honor Tuesday for his courage ____ a firefight with the Taliban.

8. People get together ____ the village music festival.

ANSWERS: EXERCISE 10 (FOR, OF, DURING)

1. The very old woman thought [for] a while.
   연세 든 여인이 한동안 생각했다.

2. The city took guns away [from] police who have been convicted of domestic violence offenses.
   시당국은 가정폭력으로 기소 당한 경찰로부터 총기를 압수해갔다.

3. The recent discovery tells us that the brain can add nerve cells [during] adult life.
   최근의 발견은 뇌세포가 성인시기 중에도 확장될 수 있음을 말하고 있다.

4. Vote [for] John.
   존에게 투표해주세요.

5. I couldn't think [of] a thing.
   한 가지도 생각할 수 없었다.

6. I have been waiting [for] you.
   나는 너를 기다려 왔다.

7. Swenson received the Medal of Honor Tuesday for his courage [during] a firefight with the Taliban.
   스웬슨은 화요일 탈레반과의 싸움 중 그가 보여준 용기로 명예 훈장을 받았다.

8. People get together [for] the village music festival.
   사람들이 마을 음악 축제를 위해 모두 모였다.

EXERCISE 11 (FOR, OF, FROM)

다음 문장을 읽고 전치사가 잘못 사용된 경우 전치사를 고쳐 보세요.

정답은 뒷면에서 확인하세요. ☞

1. People had suffered terrible torture and punishment of not following tradition.

2. His latest album is an album of Christmas songs.

3. George was arrested from drunk driving.

4. They ate in silence for a long time.

5. She purchased an inexpensive gray cardigan made of something synthetic.

6. There's a man watching us from behind that fence.

7. You will be remembered of a different reason.

8. He is considered to be a man for great determination.

ANSWERS: EXERCISE 11 (FOR, OF, FROM)

1. People had suffered terrible torture and punishment [~~of~~ → for] not following tradition.
   사람들은 전통을 따르지 않았다는 이유로 지독한 고문과 벌을 받았다.

2. His latest album is an album [of] Christmas songs.
   그의 최근 앨범은 크리스마스 노래이다.

3. George was arrested [~~from~~ → for] drunk driving.
   George는 음주 운전으로 체포되었다.

4. They ate in silence [for] a long time.
   그들은 오랫동안 침묵하며 먹었다.

5. She purchased an inexpensive gray cardigan made [of] something synthetic.
   그녀는 인조소재로 만든 비싸지 않은 회색 카디건을 구입했다.

6. There's a man watching us [from] behind that fence.
   저 울타리 뒤에서 우리는 지켜보는 남자가 있다.

7. You will be remembered [~~of~~ → for] a different reason.
   너는 다른 이유로 기억될 것이다.

8. He is considered to be a man [~~for~~ → of] great determination.
   그는 대단한 투지를 지닌 인물로 여겨진다.

EXERCISE 12 (FROM, OF, TO)

다음 문장의 의미에 맞는 전치사를 골라보세요.

정답은 뒷면에서 확인하세요. ☞

1. I bet he is the best person ___ the job.
   a. for   b. to

2. How much does a teaspoon ___ baking soda weigh in grams?
   a. of   b. from

3. She talked ___ twenty-two minutes without stopping.
   a. of   b. for

4. The referral consists ___ several parts.
   a. of   b. from

5. Temperatures dropped ___ 10 degrees below zero.
   a. of   b. to

6. Now she's been robbed ___ her courage.
   a. of   b. from

7. There is no indication ___ any illness other than the common flu.
   a. of   b. to

ANSWERS: EXERCISE 12 (AT, ON, IN)

1. I bet he is the best person [for] the job.
   나는 그가 그 일에 대해선 최고의 인물이라고 확신한다.

2. How much does a teaspoon [of] baking soda weigh in grams?
   베이킹 소다 한 스푼은 그램으로 얼마인가요?

3. She talked [for] twenty-two minutes without stopping.
   그녀는 멈추지 않고 22분간 말했다.

4. The referral consists [of] several parts.
   소개위탁은 몇 가지 부분으로 이루어져 있다.

5. Temperatures dropped [to] 10 degrees below zero.
   기온이 영하 10도로 떨어졌다.

6. Now she's been robbed [of] her courage.
   이제 그녀의 용기는 바닥이 났다.

7. There is no indication [of] any illness other than the common flu.
   일반 감기 말고는 다른 어떤 질환이라는 징후는 없다.

WITH

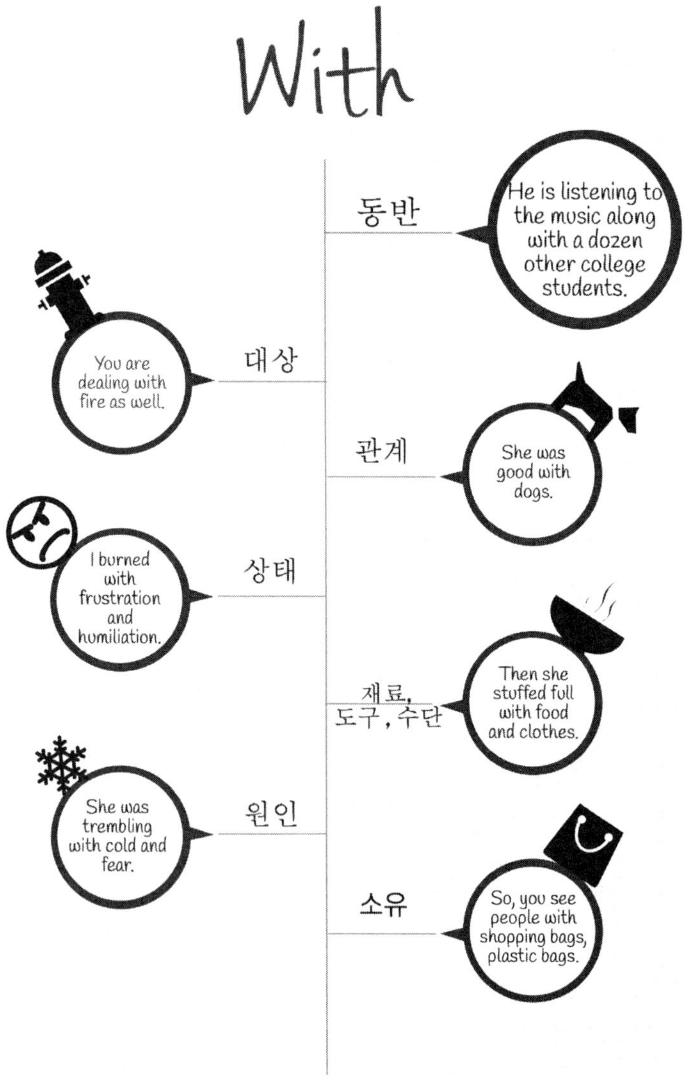
With
동반
He is listening to the music along with a dozen other college students.
대상
You are dealing with fire as well.
관계
She was good with dogs.
상태
I burned with frustration and humiliation.
재료, 도구, 수단
Then she stuffed full with food and clothes.
원인
She was trembling with cold and fear.
소유
So, you see people with shopping bags, plastic bags.

PREVIEW

다음 문장을 읽고 전치사 with가 다음 a~h 중 어떤 의미로 쓰였는지 생각해보세요.

정답은 뒷면에서 확인하세요. ☞

1. Will you go out **with** him on Saturday?
2. Do you know the tall gentleman **with** a beard over there?
3. The prisoners were trembling **with** fear.
4. The little girl prepared everything **with** great care.
5. I think he's in love **with** you!
6. A: The room costs $30 a night.
   B: Is that **with** breakfast?
7. The mountain top was covered **with** snow.
8. **With** all her faults, I still love her.

a. including
b. in spite of
c. how someone does something
d. what covers or fills something
e. having, possessing, or carrying something
f. because of a particular feeling or physical state
g. two or more people or things are together in the same place
h. person or thing someone has a particular feeling or attitude towards

CHECK IT

1. Will you go out **with** him on Saturday?
   토요일에 그 남자랑 같이 외출할 거니?
(two or more people or things are together in the same place)

2. Do you know the tall gentleman **with** a beard over there?
   저쪽에 있는 턱수염 난 키 큰 남자를 알아?
(having, possessing, or carrying something)

3. The prisoners were trembling **with** fear.
   죄수들은 두려움으로 떨고 있었다.
(because of a particular feeling or physical state)

4. The little girl prepared everything **with** great care.
   작은 여자아이는 매우 주의를 기울이며 모든 것을 준비했다.
(how someone does something)

5. I think he's in love **with** you!
   내 생각에 그는 너와 사랑에 빠졌어!
(person or thing someone has a particular feeling or attitude towards)

6. A: The room costs $30 a night.
   B: Is that **with** breakfast?
   A: 1박 숙박료가 30달러입니다.
   B: 아침식사가 포함된 가격인가요?
(including)

7. The mountain top was covered **with** snow.
   산꼭대기는 눈으로 덮여 있었다.
(what covers or fills something)

8. **With** all her faults, I still love her.
   그녀의 모든 잘못에도 나는 여전히 그녀를 사랑한다.
(in spite of)

① 동반

· He is listening to the music **along with** a dozen other college students.
그는 10여 명의 다른 대학생들과 함께 음악을 듣고 있다.

· It gives it a chewy texture that **goes well with** barbecue flavors.
그것은 바비큐 향과 함께 잘 어울리는 씹히는 질감을 준다.

· The popular red beans and rice **with** sausage is $2.55 for a small serving.
소시지와 함께 나오는 대중적인 빨강 콩과 쌀은 2불 55센트짜리 적은 먹거리이다.

· I work on a community project **with** community leaders.
나는 지역 지도자들과 함께 지역 프로젝트에 관해 일하고 있다.

· If you want more time **alone with** her, you have only to say the word.
만일 당신이 그녀와의 더 많은 시간을 원한다면 그렇게 말하면 된다.

② 대상

· She'll try to **get in contact with** Bettina to ask her what the hell is going on.
그녀는 도대체 무슨 일이 있는 것인지 물어보려고 베티나와 연락을 시도할 것이다

· The writers can not **come up with words** and slogans to put on the placards.
작가는 플래카드에 적을 구호를 생각해낼 수 없다.

· You are **dealing with fire** as well.
당신은 불도 관리하게 될 것이다.

· Some blame her recent **split with** husband Ashton after allegations he cheated.
일부는 남편인 에쉬턴이 바람을 피웠다는 주장이 있은 후 그녀가 남편과 최근 헤어진 것을 비난한다.

· They were both **impatient with** disorder.
그들은 둘 다 무질서를 참지를 못한다.

③ 관계

· Individuals were certainly **in touch with** each other.
개인들은 확실히 서로 간 관계를 맺고 있다.

· Whatever the reasons for **being involved with** a psychopath.
사이코패스와 관계 맺을 이유가 뭐든 간에.

· I believe that many Hong Kong residents **are pleased with** Britain.
나는 많은 홍콩 거주자들이 영국와의 관계에 만족한다고 믿는다.

· She **was good with** dogs.
그녀는 개들과 잘 지낸다.

· She met a man, **is very happy with** him, lots in common.
그녀는 어떤 남자를 만났는데 공통점이 많은 그와 참으로 행복하다.

· So that's still problematic with me?
그래서 여전히 나와 문제가 있나요?

④ 상태

· It was a position to do **with finances and consulting.**
재정과 상담에 관련된 일을 하는 자리였다.

· I burned **with frustration and humiliation.**
나는 좌절감과 모욕감으로 화끈거렸다

· He guided the pony **with firmness and skill.**
그는 단호함과 기술로 조랑말을 이끌었다.

· The needs of students **with handicaps** are met by changing and improving instruction for all students.
장애가 있는 학생들의 요구는 모든 학생들을 위한 수업을 개선하고 바꿈으로써 충족되었다.

· None of them survived the blizzards **with winds blowing** at 130 kilometers an hour.

그들 중 어느 누구도 시속 130 킬로로 부는 바람과 눈사태에서 살아남을 수 없었다.

· It would have taken a brave person to predict **with confidence** at that time.
그 당시 용기 있는 사람만이 자신감을 가지고 예측할 수 있었을 것이다.

⑤ 재료, 도구, 수단

· Loyalty in leadership races often is **purchased with campaign cash.**
지도자 경선에 있어 충성심은 종종 캠페인 비용으로 사들이는 것이다.

· I have been **inundated with calls** since ads for the show have appeared in People.
나는 피풀지에 상영에 대한 광고가 게재된 이후 전화가 폭주해왔다.

· The average share of tuition **paid with parents' savings** has dropped.
학부모의 저축으로 지불된 수업료의 평균배당 몫이 떨어져왔다.

· Then she **stuffed full with** food and clothes.
그리고 나서 그녀는 음식과 옷가지로 가득 채웠다.

⑥ 원인

· He was **charged with espionage, theft and conspiracy.**
그는 간첩행위, 절도와 공모로 기소되었다.

· He was **diagnosed with polio.**
그는 소아마비로 진단 받았다.

· She was **numb with shock.**
그는 충격으로 망연자실하였다.

· She was **trembling with cold and fear.**
그녀는 추위와 두려움으로 온몸을 떨었다.

⑦ 소유

· Have a look at the middle-aged man **with beards and pot bellies.**
수염이 나고 배가 볼록 나온 중년의 남자를 봐라.

· So you see people **with shopping bags, plastic bags.**
쇼핑용 가방과 비닐봉지를 가진 사람들이 보이지.

· If knowledge helps improve life for those of us **with MS**, it's time for us to get savvy and smart.
만일 지식이 삶을 개선시키는 데 기여한다면 우리 과학 석사 학위 소지자들이 보다 더 지혜롭고 현명해져야 한다.

코카세션

전치사 'with'의 쓰임과 관련되어 사용빈도가 높은 것을 '동사+with+명사' 구문을 중심으로 코카에서 아래 그림과 같이 검색하였다.

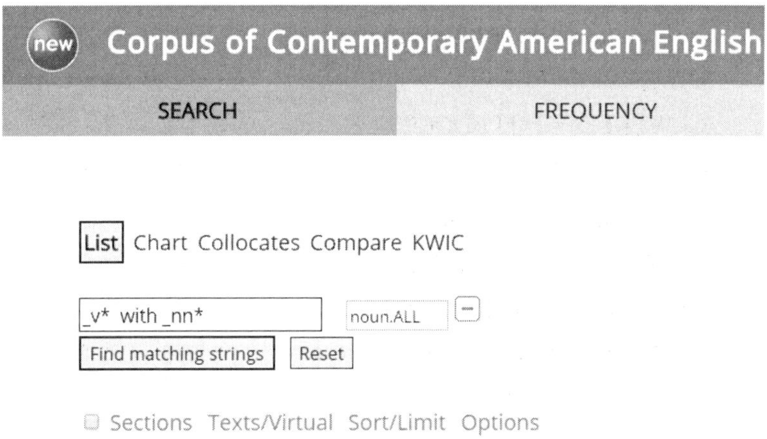

<그림 12> '동사+with+명사' 구문 검색창

검색결과 아래와 같은 상위 50위까지 리스트를 정리했다.

1	CHARGED WITH MURDER500 원인		
2	TASTE WITH SALT	433	도구수단
3	FILLED WITH WATER	381	도구수단
4	FILLED WITH PEOPLE	287	도구수단
5	COVER WITH PLASTIC	274	도구수단
6	DIAGNOSED WITH CANCER	271	원인
7	DIAGNOSED WITH BREAST	270	원인
8	WORK WITH PEOPLE	265	동반
9	FILLED WITH TEARS	264	재로도구

10	SPRINKLE WITH SALT	257	재료도구
11	DEALING WITH PEOPLE	249	대상
12	WORKING WITH STUDENTS	245	동반
13	WORKING WITH CHILDREN	221	동반
14	REPRINTED WITH PERMISSION	218	상태
15	WORK WITH STUDENTS	194	동반
16	WORKING WITH PEOPLE	193	동반
17	DEAL WITH PEOPLE	192	대상
18	COVERED WITH BLOOD	178	재료 도구
19	COVER WITH FOIL	177	재료 도구
20	WORK WITH CHILDREN	173	동반
21	COVERED WITH GRILL	164	재료 동반
22	TREATED WITH RESPECT	162	상태
23	INTERPRETED WITH CAUTION	155	상태
24	DEAL WITH ISSUES	144	대상
25	PLAYING WITH FIRE	141	대상
26	DO WITH POLITICS	130	상태
27	INTERACT WITH OTHERS	129	관계
28	READ WITH INTEREST	129	상태
29	CONNECT WITH PEOPLE	124	관계
30	PROCEED WITH CAUTION	124	상태
31	STAND WITH FEET	123	재료도구
32	COVERED WITH SNOW	122	재료
33	DEAL WITH PROBLEMS	118	대상
34	WORK WITH CONGRESS	116	동반
35	MIXED WITH WATER	115	재료
36	DO WITH RACE	113	대상
37	COPE WITH STRESS	111	대상
38	DEALING WITH ISSUES	110	대상

39	DO WITH MONEY	109	재료
40	FILL WITH TEARS	109	재료
41	SAY WITH CERTAINTY	109	상태
42	WORK WITH OTHERS	109	관계
43	PACKED WITH PEOPLE	105	재료
44	DO WITH PEOPLE	103	대상
45	PROCEED WITH RECIPE	99	재료
46	CHARGED WITH ASSAULT	97	원인
47	TALKING WITH PEOPLE	96	관례
48	SPRINKLE WITH PARSLEY	94	재료
49	CROWDED WITH PEOPLE	93	재료도구
50	DIAGNOSED WITH AUTISM	92	원인

BY

가까이

It's very hot by the fire.

기한

No babbling or gestures by 12 months. No words by 16 months, and no phrases.

단위/차이

20 beds, each 153/4 by 235/8 by 471/2 inches.

수단, 방법

I'm a bat. I'm hanging by my feet.

주체

People are not only shaped by culture. They also continually reshape culture.

대상

He took me by my arm and led me downstairs to this room.

기준

Maybe we could group them by color.

PREVIEW

다음 문장을 읽고 전치사 by가 어떤 의미로 쓰였는지 생각해보세요.

정답은 뒷면에서 확인하세요. ☞

1. I got stung **by** a bee and now it itches.
2. You can reserve the tickets **by** phone.
3. He grabbed an oven mitt and picked the pot up **by** the handle.
4. She saw him standing **by** the window.
5. Make sure that you have all your documents ready **by** next Friday.
6. The dividend will be increased **by** 4 percent each year.
7. Even with the advent of the decimal system in Europe and elsewhere, eggs still continue to be sold **by** the dozen for the most part.
8. I will deal with them according to their conduct, and **by** their own standards I will judge them.

a. beside
b. before
c. quantity
d. taking hold
d. according to
e. means/method
f. change/difference
g. who or what does something

CHECK IT

1. I got stung **by** a bee and now it itches.
   벌에 쏘였는데 이제 가렵다.
(who or what does something)

2. You can reserve the tickets **by** phone.
   전화로 티켓을 예약할 수 있다.
(means/method)

3. He grabbed an oven mitt and picked the pot up **by** the handle.
   그는 오븐 장갑을 집어들고 냄비 손잡이를 잡고 냄비를 들어 올렸다.
(taking hold)

4. She saw him standing **by** the window.
   그녀는 그가 창가에 서있는 것을 보았다.
(beside)

5. Make sure that you have all your documents ready **by** next Friday.
   모든 서류를 다음 금요일까지 반드시 준비하도록 하세요.
(before)

6. The dividend will be increased **by** 4 percent each year.
   배당금은 매년 4퍼센트씩 증가할 것이다.
(change/difference)

7. Even with the advent of the decimal system in Europe and elsewhere, eggs still continue to be sold **by** the dozen for the most part.
   유럽과 그 외 다른 지역에 10진법이 도래했음에도 계란은 대부분 한 다스 단위로 계속 판매되고 있다.
(quantity)

8. I will deal with them according to their conduct, and **by** their own standards I will judge them.
   나는 그들의 행위에 따라 대할 것이며 그들의 기준에 따라 심판할 것이다.
(according to)

① 가까이

· It's very hot **by** the fire.
 불 근처는 매우 덥다
· They live together in house **by** the sea.
 그들은 바닷가 주택에서 함께 살고 있다.
· They were sitting **by** a door and chatting.
 그들은 문가에 앉자 수다를 떨고 있다.
· He sit **by** the fire in the hall to rest.
 그는 쉬려고 홀 안의 불가에서 앉았다.
· I will sit **by** the window and watch the snowflakes falling.
 나는 창가에 앉아 눈송이가 떨어지는 것을 볼 것이다.

② 기한

· **By** daybreak, the baby bat can hold on no longer.
 새벽까지 어린 박쥐는 더 이상 매달려 있을 수 없다.
· No babbling or gestures **by** 12 months. No words by 16 months, and no phrases.
 12개월까지는 옹알이 또는 동작도 없다. 16개월까지 어휘나 구의 사용도 없다.
· We should be up, up and away **by** the end of the year.
 우리는 연말까지 높이높이 날아 사라질 것이다.
· Some in Washington believe that a deal has to be done **by** tomorrow.
 워싱턴의 일부 사람들은 거래가 내일까지 종료되어야 한다고 믿는다.
· 11 schools plan to have football teams up and run **by** 2013.
 11개의 학교가 축구팀을 구성해 2013년도까지 운영할 계획이다.

③ 단위/차이

· During 1950-1956 period, estuary inflows would be reduced **by** 17% to 43% below current levels.
1950-1960년대 사이에 강 하구에서 바다로 유입하는 양이 현재 수준보다 17%에서 43% 정도 줄었다.

· 20 beds, each 153/4 by 235/8 by 471/2 inches.
20개의 침대, 각각 153/4, 235/8인치와 471/2인치이다.

· That's too daunting. Take it day **by** day with small goals.
그것은 지나치다. 매일매일 작은 목표를 달성해봐.

· Remember the Oklahoma State game? UT trailed **by** 16 points at halftime.
기억나 오클라호마 대학 경기? 텍사스대학이 전반전에 16점이 뒤졌었지.

· With a final-round 63, and winning the Hero World Challenge **by** 10 shots.

· The biggest fish: a 55-pound king salmon that outweighed me **by** 5 pounds.

· You just missed me **by** a few seconds.
너는 단지 몇 초 차이로 나를 놓쳤다.

· You outweigh me **by** at least fifty pounds.
너는 최소 50파운드 정도 나보다 무겁다.

④ 주체

· Earl was not particularly impressed **by** the visitors.
얼은 방문객들이 특별히 인상 깊지는 않았다.

· It was proposed **by** Bill Clinton the year after the Columbine shooting.
콜롬비아 사살 사건 다음 해 빌클린턴에 의해 발의되었다.

· People are not only shaped **by** culture, they also continually reshape culture.
사람들은 문화에 의해 형성되고 동시에 문화를 지속적으로 재설정한다.

· It was chosen for me **by** my parents.
우리 부모님이 나를 위해 선택하셨다.
· The portfolios are maintained **by** students.
포트폴리오는 학생들이 운영합니다.
· He was overwhelmed **by** a feeling of deep peace and contentment.
그는 깊은 평화로움과 만족감에 압도되었다.

⑤ 수단, 방법

· I'm a bat. I'm hanging **by** my feet.
나는 박쥐다. 나는 발로 매달려 있다.
· He demonstrated **by** forcing air out of the cushion with his hands.
그는 그의 손으로 쿠션에서 공기를 강제로 빼 내면서 보여주었다.
· We solved the problem **by** dividing the class into smaller groups.
우리는 학급을 좀 더 작은 그룹으로 나눠 문제를 해결했다.
· Cats get away from dogs **by** going up the tree.
고양이들은 나무 위로 올라가 개들로부터 도망갔다.
· She died by strangulation.
그녀는 목졸려 죽었다.
· She informed me **by** mail and enclosed a copy of her statement.
그녀는 나에게 메일로 알려줬고 자신의 진술을 동봉했다.

⑥ 대상

· He took me **by** my arm and led me downstairs to this room.
그는 내 팔을 잡고 이 방의 아래층으로 데리고 갔다.
· He actually walked up to me and grabbed me **by** my breasts.
그는 실제로 나에게 바짝 다가오더니 내 가슴을 움켜잡았다.

· He'd call me **by** my Christian name.
그는 나를 세례명으로 불렀다.
· There is not a person left alive who can call me **by** my name.
내 이름을 부를 수 있는 살아남은 사람이 없다.
· However, sir, you may address me **by** my nickname.
그렇지만 선생님, 나를 부를 실 때 별명을 부르셔도 됩니다.

⑦ 기준

· Life is a wondrous journey that is measured **by** love and acts of kindness.
인생은 사랑과 친절한 행위로 측정할 수 있는 놀라운 여정이다.
· Maybe we could group them **by** color.
아마도 우리는 그것들을 색을 기준으로 분류할 수 있을 것이다.
· Don't be fooled **by** the looks of this empty factory.
이 빈공장의 겉모양에 속지 말거라.
· Don't be fooled **by** the numbers.
수에 속지 말거라.
· I want you to remember not to judge me **by** my looks.
내 생김새를 보고 판단하지 말 것을 기억해주기 바란다.
· My friends judge me **by** the clothes I wear at school.
내 친구들이 학교에서 내가 입고 있는 옷으로 나를 판단한다.

코카세션

전치사 'by'가 대상, 기준의 의미로 사용될 때 "My friends judge me **by** the clothes."와 같은 문장의 사례에서 볼 수 있듯이 "동사+대명사+by+명사"의 구문 형식을 취하고 있다. 따라서 좀 더 많은 사례를 찾기 위해 아래 그림 13과 같이 검색하였다.

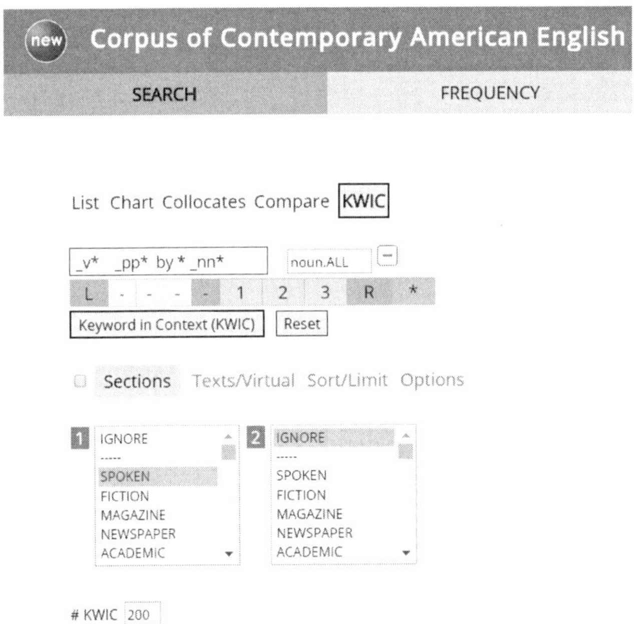

<그림 13> '동사+대명사+by+명사' 구문 검색창

상위 100위까지의 사용 사례 중 해당 의미로 사용된 것을 정리하면 아래 문장들과 같다. KWIC 방식으로 제시한 것을 정리한 것이다. 문장의 끝에 해당되는 의미를 적어보자.

2. And so we'll **judge them by their actions**, not by the nice words that we heard yesterday. (기준)

3. afraid they've told us they **don't want it by their actions.**
5. And my father said yes and he **took him by the arm** and brought him to the tree,
6. And he **grabbed me by the arm** and I took a two-piece Kentucky Fried Chicken lunch box
7. OK, you know, how Lyndon used to **get you by the arm** right here and arm around here, and he whispers
8. In a heartbeat, I would **take him by the arm**, put his head under my arm ... Unidentified Man
9. on Wednesday when a plainclothes officer **grabbed him by the arm**, tackled him, and then handcuffed him. It
10. come out onto the porch, **grabbed her by the arm** .Galindo : He did not intend to kill her
11. Man 13: You're going to **take him by the arm.**
12. They've **got them by the armload.**
13. He **took me by the arms** and told me that there was a connection between the.
14. He **earned it by asking audiences** not to sit back and relax, but to sit(수단, 방법)
17. I will not address you by your birth name.(수단, 방법)
18. This holiday season, more moviemakers **are doing it by the book,** adapting best sellers for the big screen. Cynthia
19. POK crew of men and women who said they **did it by the book**, and they did it right. (기준)
20. You like peach yogurt. So I **grabbed it by the boots** and I was ready to go .
23. if not more. And I can **tell you by the candidates responses** as they were there to speak to our crowd.
25. Mia's claim was rejected and he now **supports himself by cooking**

chapatis and doing odd jobs around the church. (수단, 방법)

이번에는 “step by step”, “bit by bit”과 같은 “한 걸음씩”, “조금씩” 과 같은 표현을 좀 더 많이 검색하기 위해 ‘명사+by+명사“ 형태의 구문을 그림 14와 같이 입력, 검색하였다.

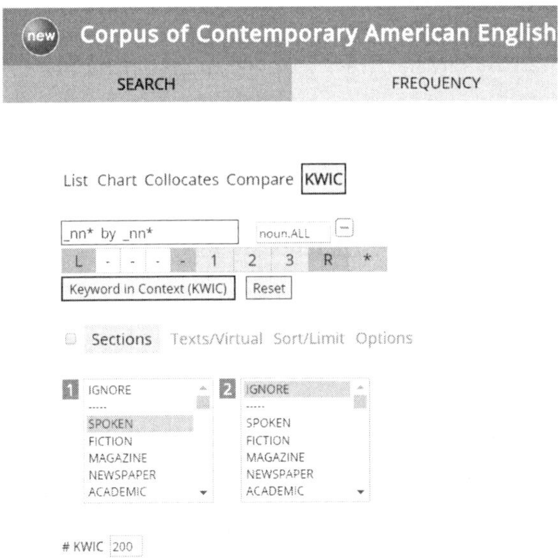

<그림 14> “명사+by+명사” 구문의 검색창

검색의 결과 아래와 같은 사례문을 찾을 수 있었다. 역시 KWIC방식으로 제시한다.

· If we go **state by state** and **program by program** and look at the things that we
· able to disrupt Saudi production now is falling away almost **day by day** and that's one of the reasons the oil markets are
· assistance in general is gonna be decided on a **case by case basis**

· making the decision on a **case by case basis** with the women they serve
· They want to go on an **item by item** basis, but they're not opposed to it.
· it is a dwindling group **year by year** because most of them are in their nineties
· To Cyrkin a **side by side comparison** reveals the photo deception.
· it with enzymes extracted **bit by bit** from human placentas harvested these days only in France.
· We believe **day by day** he shows us more and more.
· the people of Israel living **side by side** in peace and security.
· utilitarian guide to going **chapter by chapter**,
· book by book in the Bible on how to use it in your everyday
· to alter the food we serve on a **flight by flight** or **passenger by passenger basis** .
· The pilots were briefed, **unit by unit**, by the ship's captain, the wing commander and
· 'll learn where the highest and lowest prices are almost **minute by minute** .
· she is going to go **line by line.**
· We are taking apart the terrorist network **piece by piece.**

EXERCISE 13 (BY, WITH, IN)

다음 문장의 의미에 적절한 전치사를 골라보세요.

정답은 뒷면에서 확인하세요. ☞

1. Some in Washington believe that a deal has to be done [by / in] tomorrow.

2. During 1950-1956 period, estuary inflows would be reduced [by / in] 17% to 43% below current levels.

3. None of them survived the blizzards [by / with] winds blowing at 130 kilometers an hour.

4. You outweigh me [by / with] at least fifty pounds.

5. Loyalty in leadership races often is purchased [by / with] campaign cash.

6. Sarah first visited Russia [by / in] 1927.

7. He picked the pot up [by / with] the handle.

8. She met a man, is very happy [by / with] him, lots in common.

ANSWERS: EXERCISE 13 (BY, WITH, IN)

1. Some in Washington believe that a deal has to be done [by] tomorrow.
워싱턴의 일부 사람들은 거래가 내일까지 종료되어야 한다고 믿는다.

2. During 1950-1956 period, estuary inflows would be reduced [by] 17% to 43% below current levels.
1950-1956년대 사이에 강 하구에서 바다로 유입하는 양이 현재 수준보다 17%에서 43% 정도 줄었다.

3. None of them survived the blizzards [with] winds blowing at 130 kilometers an hour.
그들 중 어느 누구도 시속 130킬로미터로 부는 바람과 눈사태에서 살아남을 수 없었다.

4. You outweigh me [by] at least fifty pounds.
너는 최소 50파운드 정도 나보다 무겁다.

5. Loyalty in leadership races often is purchased [with] campaign cash.
지도자 경선에 있어 충성심은 종종 캠페인 비용으로 사들이는 것이다.

6. Sarah first visited Russia [in] 1927.
Sarah는 1927년에 처음으로 러시아를 방문했다.

7. He picked the pot up [by] the handle.
그는 냄비 손잡이를 잡고 냄비를 들어 올렸다.

8. She met a man, is very happy [with] him, lots in common.
그녀는 어떤 남자를 만났는데 공통점이 많은 그와 참으로 행복하다.

EXERCISE 14 (WITH, BY, OF)

전치사 with, by, of 중에서 하나를 골라 다음 문장을 완성해보세요.

정답은 뒷면에서 확인하세요. ☞

1. I work on a community project ____ community leaders.

2. I hear or read ____ another soldier losing his life in Iraq.

3. He took me ____ my arm and led me downstairs to this room.

4. I have been inundated ____ calls since ads for the show have appeared in People.

5. My friends judge me ____ the clothes I wear at school.

6. The needs of students ____ handicaps are met by changing and improving instruction for all students.

7. The dividend will be increased ____ 4 percent each year.

8. She recalled ____ her own children.

ANSWERS: EXERCISE 14 (WITH, BY, OF)

1. I work on a community project [with] community leaders.
나는 지역 지도자들과 함께 지역 프로젝트에 관해 일하고 있다.

2. I hear or read [of] another soldier losing his life in Iraq.
나는 이라크에서 생명을 잃은 또 다른 병사에 관한 소식을 듣고 읽는다.

3. He took me [by] my arm and led me downstairs to this room.
그는 내 팔을 잡고 이 방의 아래층으로 데리고 갔다.

4. I have been inundated [with] calls since ads for the show have appeared in People.
나는 피플지에 상영에 대한 광고가 게재된 이후 전화가 폭주해왔다.

5. My friends judge me [by] the clothes I wear at school.
내 친구들이 학교에서 내가 입고 있는 옷으로 나를 판단한다.

6. The needs of students [with] handicaps are met by changing and improving instruction for all students.
장애가 있는 학생들의 요구는 모든 학생들을 위한 수업을 변화시키고 개선함으로써 충족된다.

7. The dividend will be increased [by] 4 percent each year.
배당금은 매년 4퍼센트씩 증가할 것이다.

8. She recalled [of] her own children.
그녀는 자신의 아이들을 회상했다.

EXERCISE 15 (WITH, BY, FROM)

다음 문장을 읽고 전치사가 잘못 사용된 경우 전치사를 고쳐 보세요.

정답은 뒷면에서 확인하세요. ☞

1. She informed me with mail and enclosed a copy of her statement.

2. The writers can not come up with words and slogans to put on the placards.

3. He'd call me by my Christian name.

4. They were both impatient by disorder.

5. Individuals were certainly in touch from each other.

6. I will deal with them according to their conduct, and with their own standards I will judge them.

7. I understand that part of me that I may have inherited by my father.

8. People are not only shaped by culture, they also continually reshape culture.

ANSWERS: EXERCISE 15 (WITH, BY, FROM)

1. She informed me [~~with~~ → by] mail and enclosed a copy of her statement.
그녀는 나에게 메일로 알려줬고 자신의 진술을 동봉했다.

2. The writers can not come up [with] words and slogans to put on the placards.
작가들은 플래카드에 적을 표현과 구호를 생각해내지 못한다.

3. He'd call me [by] my Christian name.
그는 나를 세례명으로 불렀다.

4. They were both impatient [~~by~~ → with] disorder.
그들은 둘 다 무질서를 참지를 못했다.

5. Individuals were certainly in touch [~~from~~ → with] each other.
개인들은 확실히 서로 간 연락을 위하고 있었다.

6. I will deal with them according to their conduct, and [~~with~~ → by] their own standards I will judge them.
나는 그들의 행위에 따라 대할 것이며 그들의 기준에 따라 심판할 것이다.

7. I understand that part of me that I may have inherited [~~by~~ → from] my father.
나의 일부는 나의 아버지로부터 받은 유산이라는 것을 잘 안다.

8. People are not only shaped [by] culture, they also continually reshape culture.
사람들은 문화에 의해 형성되고 동시에 문화를 지속적으로 재형성한다.

EXERCISE 16 (BY, FOR, WITH)

다음 문장의 의미에 맞는 전치사를 골라보세요.

정답은 뒷면에서 확인하세요. ☞

1. He demonstrated ____ forcing air out of the cushion with his hands.
   a. by   b. for

2. I have many ideas ____ easing their hard lives.
   a. for   b. with

3. Don't be fooled ____ the looks of this empty factory.
   a. by   b. for

4. I burned ____ frustration and humiliation.
   a. by   b. with

5. The little girl prepared everything ____ great care.
   a. by   b. with

6. This bike is ____ beginners.
   a. by   b. with

7. The prisoners were trembling ____ fear.
   a. for   b. with

8. The mountain top was covered ____ snow.
   a. by   b. with

ANSWERS: EXERCISE 16 (BY, FOR, WITH)

1. He demonstrated [by] forcing air out of the cushion with his hands.
   그는 그의 손으로 쿠션에서 공기를 강제로 빼내며 시범을 보였다.

2. I have many ideas [for] easing their hard lives.
   나에겐 그들의 어려운 삶을 달래주기 위한 많은 아이디어들이 있다.

3. Don't be fooled by [the] looks of this empty factory.
   이 텅 빈 공장의 겉모습에 속지 말거라.

4. I burned [with] frustration and humiliation.
   나는 좌절감과 모욕감으로 화끈거렸다.

5. The little girl prepared everything [with] great care.
   작은 여자아이는 매우 주의를 기울이며 모든 것을 준비했다.

6. This bike is [for] beginners.
   이 자전거는 초보자용이다.

7. The prisoners were trembling [with] fear.
   죄수들은 두려움으로 떨고 있었다.

8. The mountain top was covered [with] snow.
   산꼭대기는 눈으로 덮여 있었다.

OVER

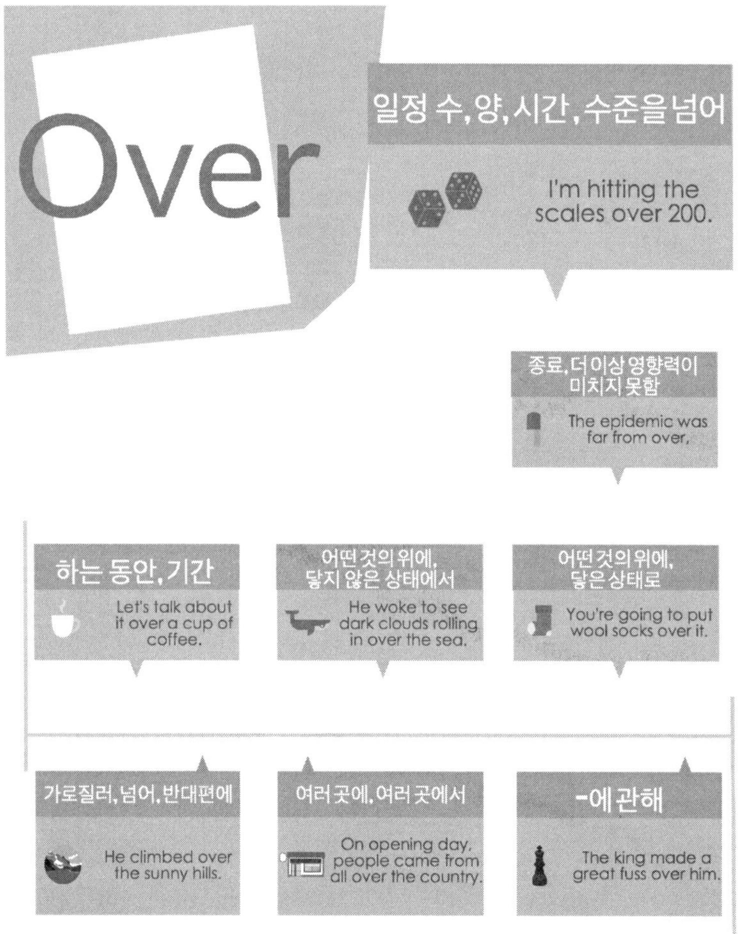
Over
일정 수, 양, 시간, 수준을 넘어
I'm hitting the scales over 200.
종료, 더 이상 영향력이 미치지 못함
The epidemic was far from over.
하는 동안, 기간
Let's talk about it over a cup of coffee.
어떤 것의 위에, 닿지 않은 상태에서
He woke to see dark clouds rolling in over the sea.
어떤 것의 위에, 닿은 상태로
You're going to put wool socks over it.
가로질러, 넘어, 반대편에
He climbed over the sunny hills.
여러 곳에, 여러 곳에서
On opening day, people came from all over the country.
-에 관해
The king made a great fuss over him.

PREVIEW

다음 문장을 읽고 전치사 over가 다음 a~h 중 어떤 의미로 쓰였는지 생각해보세요.

정답은 뒷면에서 확인하세요. ☞

1. They saw a thick layer of smoke that hung **over** the entire city.
2. He wore a suede sport coat **over** a white open-necked dress shirt.
3. The two men jumped **over** the counter, grabbed money from the cash drawer, and ran out of the store.
4. There were empty bottles all **over** the floor, and the cigarette smoke stung my eyes.
5. It's far better to discuss business **over** lunch or dinner than at a meeting.
6. Charismatic leaders use power **over** their followers.
7. What are the penalties for driving **over** the speed limit?
8. Some people seem to get **over** breakups so much faster than others.

a. across
b. during
c. covering
d. controlling
e. more than
f. no longer affected
g. in many parts of something
h. above or higher than something, without touching it

CHECK IT

1. They saw a thick layer of smoke that hung **over** the entire city.
그들은 도시 전체에 드리워진 두터운 연기 층을 보았다.
(above or higher than something, without touching it)

2. He wore a suede sport coat **over** a white open-necked dress shirt.
그는 하얀 목깃이 열린 드레스 셔츠 위에 스웨이드 스포츠 코트를 입었다.
(covering)

3. The two men jumped **over** the counter, grabbed money from the cash drawer, and ran out of the store.
두 남자는 카운터 위를 뛰어 넘어 현금 서랍에서 돈을 낚아채 가게 밖으로 도망쳤다.
(across)

4. There were empty bottles all **over** the floor, and the cigarette smoke stung my eyes.
마룻바닥에는 온통 빈 병이 널려 있었고 담배 연기로 내 눈이 따가웠다.
(in many parts of something)

5. It's far better to discuss business **over** lunch or dinner than at a meeting.
회의실보다는 점심이나 저녁을 하며 사업 얘기를 하는 것이 훨씬 더 좋다.
(during)

6. Charismatic leaders use power **over** their followers.
카리스마가 있는 지도자는 추종자들을 압도하는 힘을 사용한다.
(controlling)

7. What are the penalties for driving **over** the speed limit?
과속 운전에 대한 벌금은 얼마인가요?
(more than)

8. Some people seem to get **over** breakups so much faster than others.
어떤 사람들은 다른 이들보다 이별을 훨씬 더 빨리 극복하는 듯하다.
(no longer affected)

① 일정 수, 양, 시간, 수준을 넘어

· The president will be here in the briefing room a little bit **over** 10 minutes from now.
대통령께서 지금부터 10분 조금 지나 브리핑룸에 오실 것입니다.
· It's been around for **over** 100 years.
그것은 100여 년 넘게 있어왔습니다.
· I'm hitting the scales **over** 200.
나는 200이 넘는 수치를 쳤습니다.
· The newborn baby, Yaena, weighed just **over** 6 pounds 7 ounces.
새로 태어난 아기인 예나는 6파운드 7온스를 넘겼습니다.
· I have not seen my grandson in **over** a year because of her.
그녀 때문에 나는 1년이 넘게 내 손자를 만나지 못했다.

② ~하는 동안, 기간

· Let's talk about it **over a cup of coffee.**
커피 한 잔 하면서 말해보자.
· Can we talk about it **over lunch?**
점심 하면서 이야기해볼까?
· Since you are properly trained, you are able to do it in an orderly way **over a period of two years.**
너는 제대로 훈련을 받아왔으니 2년여 동안 제대로 된 방식으로 해낼 수 있을 것이다.
· We're going to watch it very closely **over the next 24 to 48 hours.**
우리는 다음 24시간 내지 48시간 동안 자세히 관찰할 것이다.

③ 어떤 것의 위에, 닿지 않는 상태에서

· We have flown **over the rain forest** and seen what happens once you begin to chop down the trees.
우리는 우림지역의 숲 위를 비행하며 나무를 베고 나면 무슨 일이 생기는 지를 보아 왔다.

· She leaned **over the side of the bath** to try the taps. No water came out.
그녀는 욕조 위를 비스듬히 기대어 수도꼭지를 틀려 했다. 물은 나오지 않았다.

· He held the banana leaf **over her head** as an umbrella.
그는 우산처럼 머리위에 바나나 잎을 들었다.

· He woke to see dark clouds rolling in **over the sea.**
그는 일어나 바다위로 밀려오는 짙은 구름을 보았다.

④ 어떤 것의 위에, 닿은 상태로

· You're going to put wool socks **over** it.
그 위에 울 양말을 신을 거야.

· I walked over to the kitchen sink and just ran hot water **over my hands** and I just stood there crying.
나는 부엌 싱크대로 걸어가 손위로 뜨거운 물을 틀고 그저 울며 서 있었다.

· She lathered a short brush with soap and spread it **over my daddy's face** and shaved him.
그녀는 짧은 솔로 비누 거품을 내 우리 아빠의 얼굴에 고르게 바른 후 면도를 했다.

⑤ 가로질러, 넘어, 반대편에

· He climbed **over** the sunny hills.
그는 햇빛 든 언덕을 넘어갔다.

· I must go **over** the mountain to the next town to see my friend.
나는 내 친구를 보기 위해 다음 마을까지 가려면 산을 넘어야 한다.
· I love you across the river and **over** the hills.
나는 강만큼 산만큼 너를 사랑한다(하늘만큼 땅만큼에 해당).
· She walked it over to a trash can right **over** here.
그녀는 이곳에 있는 쓰레기통 쪽으로 걸어 왔다.
· There is a bus stop **over** the road.
길 건너 버스정류장이 있다.

⑥ 여러 곳에, 여러 곳에서

· On opening day, people came from **all over the country.**
시작하는 날 전국에서 사람들이 왔다.
· Theaters, museums and music halls in the city draw tourists from **all over the world.**
도시 안의 연극공연장, 박물관과 음악관들이 전 세계의 관광객을 끌어 모은다.

⑦ ~에 관해,

· He **dithered over** buying an item.
그는 물건을 살지 말지 결정을 못하고 망설였다.
· The king **made a great fuss over** him.
왕은 그에 관해 야단법석을 떨었다.
· Can you **distill this debate over** diversity and competence.
당신이 다양성과 역량에 대한 본 토론을 요약해 주시겠습니까?
· The **fight over** how to teach the creation of life and evolution is getting some serious.
창조론과 진화론에 관해 어떻게 가르쳐야 할지에 관한 싸움에 점점 심해지고 있다.

· Let's turn to other affairs in politics, particularly the **fight over** who do you blame for high gas prices?
정치 분야의 다른 주제들로 넘어갑시다, 특히 높은 휘발유 가격에 대해 누가 책임을 져야 하는지에 대한 논쟁에 관해 말입니다.

⑧ 종료, 더 이상 영향력이 미치지 못함

· Are you still in love with her. No, I'm **over her** now.
당신은 여전히 그녀를 사랑합니까? 아니요, 끝났습니다.

· But I suppose fairly quickly you **get over the panic** because it just seems very unhelpful.
그렇지만 내 짐작엔 너는 매우 빠르게 공포심을 극복할 것이다. 왜냐하면 그것이 매우 도움이 안 되기 때문이다.

· The epidemic **was far from over**.
전염병은 끝나려면 멀었다.

· The **dispute over** Pacific salmon was far from over.
태평양 연어에 대한 분쟁은 끝나려면 멀었다.

코카세션

구어(oral language) 중 '동사+over+명사'를 그림15와 같이 검색창에 입력해 상위 50위까지 사용 빈도가 높은 구를 출현시켜 본 결과 'over'가 가장 많이 사용되는 의미는 시간의 흐름과 함께 일어나는 것과 관련된 것이었다.

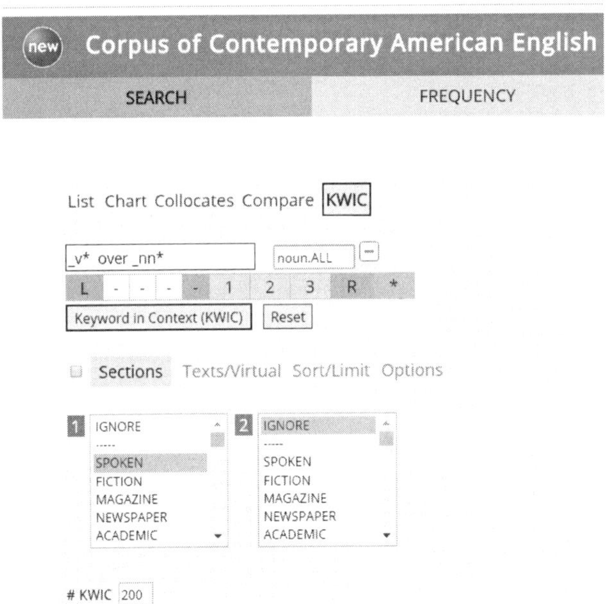

<그림 15> "동사+over+명사" 구문의 검색창

change over time, evolve over time, increased over time, developed over time, vary over time, decrease over time, think over time, sustained over time, fade over time, improved over time, learned over time, declined over time, rise over time, diminish over time, occur over time, shifted over time, accumulated over time, deteriorate over time, expanded over time, happens over time, maintained over time

UNDER

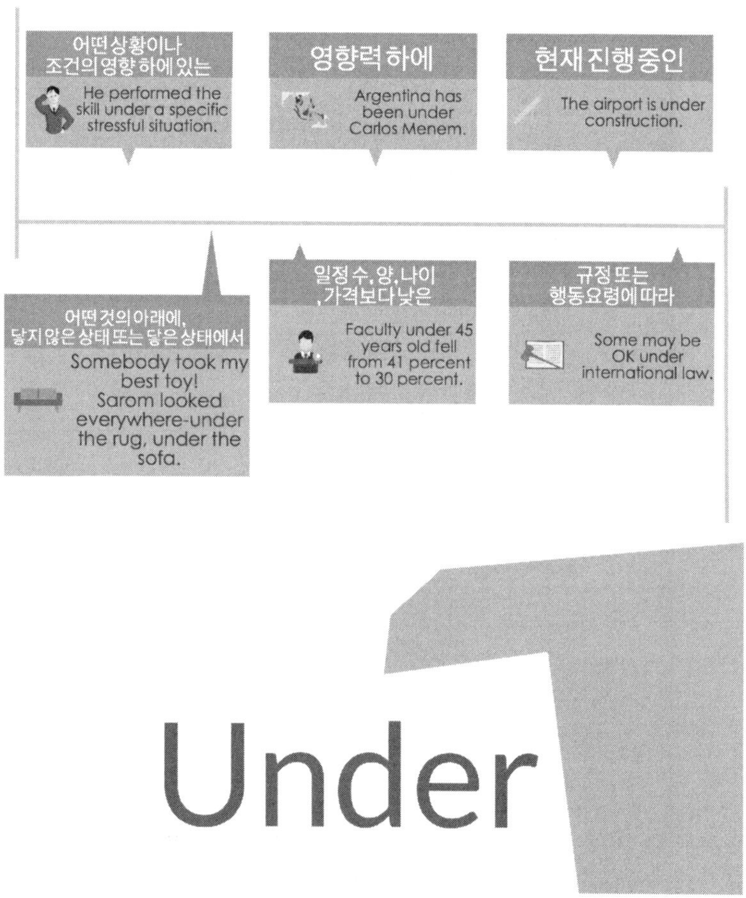
어떤상황이나
조건의영향 하에 있는
He performed the skill under a specific stressful situation.
영향력 하에
Argentina has been under Carlos Menem.
현재 진행 중인
The airport is under construction.
어떤 것의 아래에,
닿지않은 상태 또는 닿은 상태에서
Somebody took my best toy! Sarom looked everywhere-under the rug, under the sofa.
일정 수, 양, 나이
, 가격보다 낮은
Faculty under 45 years old fell from 41 percent to 30 percent.
규정 또는
행동요령에 따라
Some may be OK under international law.
Under

PREVIEW

다음 문장을 읽고 전치사 under가 어떤 의미로 쓰였는지 생각해보세요.

정답은 뒷면에서 확인하세요. ☞

1. The student wrote his name **under** his picture.

2. Selling alcohol to anyone **under** the age of 18 is illegal in England.

3. Our website is **under** construction. We are sorry for any inconvenience.

4. I'm the kind of person who stays calm **under** pressure, and handles stress fairly easily.

5. The settlements were illegal **under** international law.

6. I am a Ph.D. candidate working **under** the guidance of Prof. Chomsky.

7. She was wearing a sweater **under** her coat.

8. The company has done very well **under** her leadership.

a. below

b. in power

c. less than

d. position at work

e. covered by something

f. affected by something

g. having something done to it

h. according to a particular agreement, law

CHECK IT

1. The student wrote his name **under** his picture.
   학생은 자기 그림 아래에 이름을 적었다.
(below)

2. Selling alcohol to anyone **under** the age of 18 is illegal in England.
   영국에서는 18세 이하인 사람에게 술을 판매하는 것이 불법이다.
(less than)

3. Our website is **under** construction. We are sorry for any inconvenience.
   우리 홈페이지는 공사 중입니다. 불편을 끼쳐드려 죄송합니다.
(having something done to it)

4. I'm the kind of person who stays calm **under** pressure, and handles stress fairly easily.
   나는 압박을 받으면 침착해지고 스트레스를 꽤 수월하게 처리하는 유형의 사람이다.
(affected by something)

5. The settlements were illegal **under** international law.
   그 합의는 국제법에 의하면 불법이다.
(according to a particular agreement, law)

6. I am a Ph.D. candidate working **under** the guidance of Prof. Chomsky.
   나는 Chomsky 교수님의 지도를 받아 공부하는 박사 학위 취득 지망자이다.
(position at work)

7. She was wearing a sweater **under** her coat.
   그녀는 코트 아래에 스웨터를 입고 있다.
(covered by something)

8. The company has done very well **under** her leadership.
   그 회사는 그녀의 지도력으로 잘 운영되어 왔다.
(in power)

① 어떤 것의 아래에, 닿지 않은 상태 또는 닿은 상태에서

· I could put a tooth **under** my pillow and get a quarter.
나는 베개 아래 이를 놓고 25센트를 받을 수 있을 것이다.

· Rosie the hen went for a walk across the yard around the pond over the haystack past the mill through the fence ***under*** the beehives and got back in time for dinner(Rosie the Hen Went for a Walk 인용).
닭인 로지는 산책을 나갔는데 마당을 가로질러 연못 주위로 걷고 마른 벼 짚단을 넘어 방앗간을 지나 울타리를 가로질러 벌통 아래를 지나 저녁 시간에 제시간에 맞춰 돌아왔다.

· Somebody took my best toy! Sarom looked everywhere-**under** the rug, under the sofa, and under the cat.
누군가 내가 가장 좋아하는 장난감을 가져갔다! 새롬이는 카펫 아래, 소파 아래 그리고 고양이 아래까지 다 찾아보았다.

② 일정 수, 양, 나이, 가격보다 낮은

· "I try to stay at **under** 150 plants," she says.
그녀는 말하기를 150가지의 식물 아래 머물려 한다고 한다.

· Faculty under 45 years old fell from 41 percent to 30 percent.
45세 이상의 교수진이 41퍼센트에서 30퍼센트 아래로 떨어졌다.

· Get your systolic level **under** 130 millimeters of mercury.
너의 심장수축기를 130미리 수은주이하로 유지하거라.

③ 규정 또는 행동요령에 따라

· The Scouts had discouraged homosexuality by operating **under a code** that encourages members to be "morally straight."
스카우트는 회원들에게 도덕적으로 올바른 것을 권하는 행동원칙이 따라 작동되며 동성애를 격려하지 않는다.

· The decision of the prosecutor **under Article 53** is subject to review.
53조항에 따라 검찰 측의 결정은 검토의 대상이다.

· Some may be OK **under international law.**
일부는 국제법상 괜찮을 수 있다.

· Mr. Clinton did indeed lie **under oath** before a grand jury and did tamper with witnesses.
클린턴 씨는 실제로 대심원 앞에서 맹세를 한 상태에서 거짓말을 했고 증인조작을 했다.

④ 현재 진행 중인

· The airport is **under construction.**
공항이 건설 중이다.

· The final stage, currently **under development.**
마지막 단계는 현재 진행 중이다.

· You guys constantly **under estimate** this guy.
여러분은 지속적으로 이 사람을 평가 중입니다.

· The many other unsolved murders **under investigation.**
많은 해결되지 않은 살인 사건이 현재 수사 중이다.

⑤ 영향력 하에

· If you are **under a doctor's care**, he or she can help you avoid or manage these symptoms.
만일 네가 의사의 보살핌상태라면 그나 그녀가 너를 도와 이 증세를 피하거나 관리할 수 있게 도울 것이다.

· Argentina has been **under Carlos Menem.**
아르헨티나는 칼로스 메놈의 치하에 있다.

· He's driving **under the influence of alcohol.**
그는 음주상태에서 운전을 하고 있다.
· Ford has earned record profits **under him.**
포드사는 그의 경영아래에서 기록적인 이익을 남겼다.

⑥ 어떤 상황이나 조건의 영향 하에 있는

· He understood that the wildlife of the place as well as the undisturbed country was **under assault.**
그는 야생지역과 번잡하지 않은 시골지역이 현재 공략을 받고 있다고 이해했다.
· He performed the skill **under a specific stressful situation.**
그는 특정 스트레스를 받는 상황에서 그 기능을 수행하였다.
· He lives with his wife **under an assumed name** in an undisclosed location.
그는 알려지지 않은 곳에서 가명으로 아내와 함께 살고 있다.
· An erotic and emotional connection will not be pursued, **under any circumstances.**
성적이고 감성적인 관계는 어느 상황 하에서건 추구하지 말거라.
· Teachers have come **under assault** from every direction over the last several years.
교사들은 지난 몇 년간 모든 방향에서 비난을 받아왔다.
· The unprecedented growth of inequalities worldwide **under globalization.**
(헤드라인) 세계화의 영향 하에 세계적으로 불평등이 전례 없이 커져왔다.

코카세션

전치사 'at'과 'in'이 추상명사와 결합하여 'at risk', 'at war', 'in danger', 'in trouble'과 같이 어떤 상태가 지속 중임을 의미 하듯이 'under+명사' 구도 어떤 상태 또는 영향력 하에 있거나, 규정 또는 행동 요령에 따름을 의미한다. 이를 확인하기 위해 그림 16과 같이 'under+ _nn*', 즉 under와 결합하는 모든 명사를 검색 입력창에 선택해 결과를 추출하면 아래 제시한 출현빈도 순위별 리스트와 같은 상위 40위까지의 어떤 상태 하 또는 영향력 하에 있음을 말하는 일련의 전치사구들을 확인할 수 있다. 구의 끝에 해당되는 의미를 적어보자.

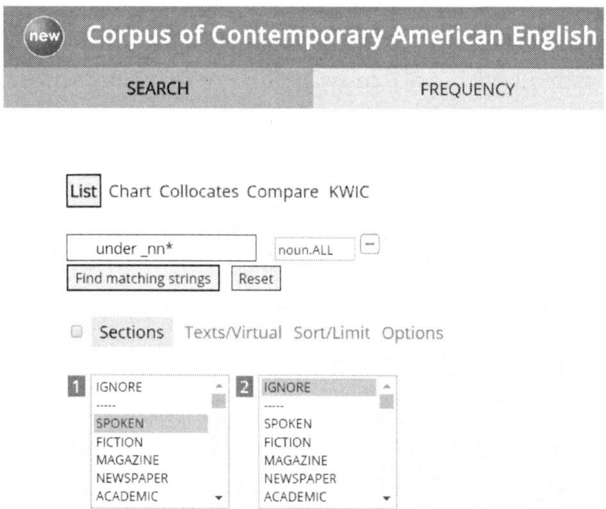

<그림 16> 'under+모든 명사' 구의 검색창

1	UNDER OATH	1048	(선서 하에)
2	UNDER CONTROL	1006	
3	UNDER FIRE	673	
4	UNDER ATTACK	508	

5	UNDER PRESSURE	497	
6	UNDER INVESTIGATION	416	
7	UNDER ARREST	351	
8	UNDER WATER	285	
9	UNDER SIEGE	244	
10	UNDER HOUSE	173	
11	UNDER PRESIDENT	153	
12	UNDER CONSTRUCTION	147	
13	UNDER CONSIDERATION	125	
14	UNDER THREAT	110	
15	UNDER SUSPICION	109	
16	UNDER STRESS	95	
17	UNDER SCRUTINY	94	
18	UNDER AGE	86	
19	UNDER SURVEILLANCE	85	(감시 하에)
20	UNDER CONTRACT	80	
21	UNDER WRAPS	77	
22	UNDER ASSAULT	75	
23	UNDER REVIEW	66	
24	UNDER COVER	60	
25	UNDER DURESS	60	
26	UNDER INDICTMENT	57	
27	UNDER DISCUSSION	55	
28	UNDER ORDERS	47	
29	UNDER SEAL	46	
30	UNDER SUBPOENA	46	
31	UNDER LAW	44	
32	UNDER ARTICLE	42	
33	UNDER OCCUPATION	40	

34	UNDER STATE	39	
35	UNDER CIRCUMSTANCES	38	
36	UNDER GOVERNMENT	34	
37	UNDER LOCK	33	
38	UNDER VOTES	33	
39	UNDER PAR	32	(골프 용어)
40	UNDER CROSS-EXAMINATION	29	

EXERCISE 17 (OVER, UNDER)

다음 문장의 의미에 적절한 전치사를 골라보세요.

정답은 뒷면에서 확인하세요. ☞

1. He held the banana leaf [over / under] her head as an umbrella.

2. I must go [over / under] the mountain to the next town to see my friend.

3. If you are [over / under] a doctor's care, he or she can help you avoid or manage these symptoms.

4. He lives with his wife [over / under] an assumed name in an undisclosed location.

5. I'm the kind of person who stays calm [over / under] pressure, and handles stress fairly easily.

6. She was wearing a sweater [over / under] her coat.

7. I suppose fairly quickly you get [over / under] the panic because it just seems very unhelpful.

8. It's far better to discuss business [over / under] lunch or dinner than at a meeting.

ANSWERS: EXERCISE 17 (OVER, UNDER)

1. He held the banana leaf [over] her head as an umbrella.
   그는 바나나 잎을 우산처럼 머리 위로 들었다.

2. I must go [over] the mountain to the next town to see my friend.
   나는 내 친구를 만나려면 산을 넘어 다음 마을로 가야 한다.

3. If you are [under] a doctor's care, he or she can help you avoid or manage these symptoms.
   만일 네가 의사의 보호를 받는다면, 의사는 네가 이 증세를 피하거나 관리할 수 있게 도울 것이다.

4. He lives with his wife [under] an assumed name in an undisclosed location.
   그는 알려지지 않은 곳에서 가명으로 아내와 함께 살고 있다.

5. I'm the kind of person who stays calm [under] pressure, and handles stress fairly easily.
   나는 압박을 받으면 침착해지고 스트레스를 꽤 수월하게 처리하는 유형의 사람이다.

6. She was wearing a sweater [under] her coat.
   그녀는 코트 아래에 스웨터를 입고 있다.

7. I suppose fairly quickly you get [over] the panic because it just seems very unhelpful.
   내 짐작엔 공포심은 매우 도움이 안 되기 때문에 너는 매우 빠르게 공포심을 극복할 것이다.

8. It's far better to discuss business [over] lunch or dinner than at a meeting.
   회의실보다는 점심이나 저녁을 하며 사업 얘기를 하는 것이 훨씬 더 좋다.

EXERCISE 18 (BY, OVER, UNDER)

전치사 by, over, under 중에서 하나를 골라 다음 문장을 완성해보세요.

정답은 뒷면에서 확인하세요. ☞

1. The airport is _______ construction.

2. I walked _______ to the kitchen sink and just ran hot water _______ my hands and I just stood there crying.

3. Let's turn to other affairs in politics, particularly the fight _______who do you blame for high gas prices?

4. He was overwhelmed _______ a feeling of deep peace and contentment.

5. He performed the skill _______ a specific stressful situation.

6. The president will be here in the briefing room a little bit _______ 10 minutes from now.

7. You just missed me _______ a few seconds.

8. Teachers have come _______ assault from every direction _______ the last several years.

ANSWERS: EXERCISE 18 (BY, OVER, UNDER)

1. The airport is [under] construction.
   공항이 건설 중이다.

2. I walked [over] to the kitchen sink and just ran hot water [over] my hands and I just stood there crying.
   나는 부엌 싱크대로 걸어가 손위로 뜨거운 물을 틀고 그저 울며 서 있었다.

3. Let's turn to other affairs in politics, particularly the fight [over] who do you blame for high gas prices?
   정치 분야의 다른 주제들로 넘어갑시다, 특히 높은 휘발유 가격에 대해 누가 책임을 져야 하는지에 대한 논쟁에 관해 말입니다.

4. He was overwhelmed [by] a feeling of deep peace and contentment.
   그는 깊은 평화로움과 만족감에 압도되었다.

5. He performed the skill [under] a specific stressful situation.
   그는 특정 스트레스를 받는 상황에서 그 기능을 수행하였다.

6. The president will be here in the briefing room a little bit [over] 10 minutes from now.
   대통령께서 지금부터 10분 조금 지나 브리핑룸에 오실 것입니다.

7. You just missed me [by] a few seconds.
   너는 단지 몇 초 차이로 나를 놓쳤다.

8. Teachers have come [under] assault from every direction [over] the last several years.
   교사들은 지난 몇 년간 모든 방향에서 비난을 받아왔다.

EXERCISE 19 (FOR, OVER, UNDER)

다음 문장을 읽고 전치사가 잘못 사용된 경우 전치사를 고쳐 보세요.

정답은 뒷면에서 확인하세요. ☞

1. The decision of the prosecutor under Article 53 is subject to review.

2. Theaters, museums and music halls in the city draw tourists from all over the world.

3. If there is one thing I am fond of over breakfast, it is a soft-boiled egg.

4. Let's talk about it over lunch or dinner later.

5. There is a bus stop for the road.

6. The company has done very well over her leadership.

7. Since you are properly trained, you are able to do it in an orderly way over a period of two years.

8. Can you distill this debate under diversity and competence?

ANSWERS: EXERCISE 19 (FOR, OVER, UNDER)

1. The decision of the prosecutor [under] Article 53 is subject to review.
   53조항에 따라 검찰 측의 결정은 검토의 대상이다.

2. Theaters, museums and music halls in the city draw tourists from all [over] the world.
   도시 내의 극장, 박물관 및 음악홀들이 전 세계에서 오는 관광객을 끌어 모은다.

3. If there is one thing I am fond of [~~over~~ → for] breakfast, it is a soft-boiled egg.
   내가 아침 식사로 좋아하는 것이 하나 있다면 그것은 살짝 익힌 부드러운 삶은 달걀이다.

4. Let's talk about it [over] lunch or dinner later.
   나중에 점심이나 저녁을 하면서 얘기 나누어 보자.

5. There is a bus stop [~~for~~ → over] the road.
   길 건너 버스정류장이 있다.

6. The company has done very well [~~over~~ → under] her leadership.
   그 회사는 그녀의 지도력으로 잘 운영되어 왔다.

7. Since you are properly trained, you are able to do it in an orderly way [over] a period of two years.
   너는 제대로 훈련을 받아왔으니 2년여 동안 제대로 된 방식으로 해낼 수 있을 것이다.

8. Can you distill this debate [~~under~~ → over] diversity and competence?
   당신이 다양성과 역량에 대한 본 토론을 요약해 주시겠습니까?

EXERCISE 20 (OVER, UNDER, WITH)

다음 문장의 의미에 맞는 전치사를 골라보세요.

정답은 뒷면에서 확인하세요. ☞

1. You're going to put wool socks _____ it.

   a. over b. with

2. He's driving _____ the influence of alcohol.

   a. with b. under

3. She was numb _____ shock.

   a. over b. with

4. Charismatic leaders use power _____ their followers.

   a. over b. under

5. He was diagnosed _____ polio.

   a. under b. with

6. He woke to see dark clouds rolling in _____ the sea.

   a. over b. with

7. Mr. Clinton did indeed lie _____ oath before a grand jury and did tamper with witnesses.

   a. over b. under

8. He understood that the wildlife of the place as well as the undisturbed country was _____ assault.

   a. with b. under

ANSWERS: EXERCISE 20 (OVER, UNDER, WITH)

1. You're going to put wool socks [over] it.
   그 위에 울 양말을 신어 볼거야.

2. He's driving [under] the influence of alcohol.
   그는 음주상태에서 운전을 하고 있다.

3. She was numb [with] shock.
   그는 충격으로 망연자실하였다.

4. Charismatic leaders use power [over] their followers.
   카리스마가 있는 지도자는 추종자들을 압도하는 힘을 사용한다.

5. He was diagnosed [with] polio.
   그는 소아마비로 진단 받았다.

6. He woke to see dark clouds rolling in [over] the sea.
   그는 일어나 바다위로 밀려오는 짙은 구름을 보았다.

7. Mr. Clinton did indeed lie [under] oath before a grand jury and did tamper with witnesses.
   클린턴 씨는 실제로 대심원 앞에서 맹세를 한 상태에서 거짓말을 했고 증인조작을 했다.

8. He understood that the wildlife of the place as well as the undisturbed country was [under] assault.
   그는 야생지역과 번잡하지 않은 시골지역이 공략을 받고 있다고 이해했다.

AROUND

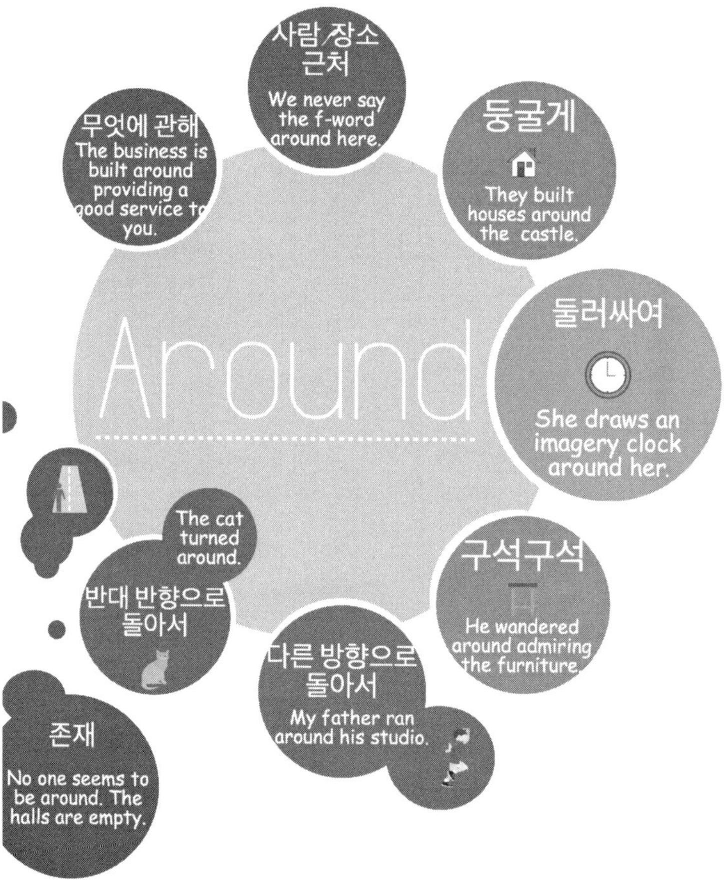

Around
사람/장소 근처
We never say the f-word around here.
둥굴게
They built houses around the castle.
둘러싸여
She draws an imagery clock around her.
구석구석
He wandered around admiring the furniture.
다른 방향으로 돌아서
My father ran around his studio.
반대 반향으로 돌아서
The cat turned around.
존재
No one seems to be around. The halls are empty.
무엇에 관해
The business is built around providing a good service to you.

PREVIEW

다음 문장을 읽고 전치사 around가 다음 a~f 중 어떤 의미로 쓰였는지 생각해 보세요.

정답은 뒷면에서 확인하세요. ☞

1. Reporters crowded **around** the shopping district and sent out their reports on this curious event across the nation.
2. Young boys waving plumes and feathers danced **around** the chiefs.
3. I saw someone wandering **around** the street.
4. There must have been **around** 100,000 people in the square.
5. It is difficult to see a way **around** these problems without revolutionizing our economic systems.
6. I walked **around** the village by myself and found a hammock on one of the verandahs.

a. surrounding
b. moving in a circle
c. a way to solve it or avoid it
d. guessing a number, amount, time
e. in or to many places or parts of an area
f. on the other side of something, or to the other side of it without going through it

CHECK IT

1. Reporters crowded **around** the shopping district and sent out their reports on this curious event across the nation.
   기자들이 상가 구역 주변으로 모여들었고 이 궁금한 사건에 대한 보도를 전국에 내보냈다.

(surrounding)

2. Young boys waving plumes and feathers danced **around** the chiefs.
   어린 소년들이 깃털을 흔들며 추장들의 주위를 춤추며 돌았다.

(moving in a circle)

3. I saw someone wandering **around** the street.
   나는 누군가가 거리를 여기 저기 배회하는 것을 보았다.

(in or to many places or parts of an area)

4. There must have been **around** 100,000 people in the square.
   광장에는 대략 10만 명의 사람들이 있었음에 틀림없다.

(guessing a number, amount, time)

5. It is difficult to see a way **around** these problems without revolutionizing our economic systems.
   우리 경제 체제를 개혁하지 않고서는 이 문제들에 대한 해결방안을 찾기는 어렵다.

(a way to solve it or avoid it)

6. I walked **around** the village by myself and found a hammock on one of the verandahs.
   나는 마을 주변을 걷다가 어느 베란다에 걸린 그물침대를 발견했다.

(on the other side of something, or to the other side of it without going through it)

① 둘러싸여, 둘러싸다, 사방으로

· She draws an imagery clock **around** her.
그녀는 상상의 시계를 그녀 주위에 그린다.
· There is a mini water park **around** a large pool.
큰 연못 둘레에 조그만 물놀이시설이 있다.
· The terrifying creature was still wrapped **around** her legs and arm.
그 끔찍한 것이 여전히 그녀의 다리와 팔 주위에 감겨 있었다.
· The air **around** us always contains some water vapor.
우리 주변의 공기는 항상 약간의 물기를 머금고 있다.
· She wrapped her arm **around** his legs.
그녀는 그의 팔로 그의 다리를 감쌌다.

② 원형으로, 둥글게

· Rosie the hen went for a walk across the yard **around** the pond.
닭인 로지는 마당을 가로질러 연못을 둘러 산책을 했다.
· They built houses **around** the castle.
그들은 성을 따라 둥글게 집들을 지었다.

③ 구석구석, 전체를

. They toured **around** London and the countryside.
그들은 런던과 시골을 구석구석 다녀보았다.
· Apparently, word spread **around** campus about Spivey's "happiness board."
분명히 캠퍼스 내 전체로 스피비의 행복게시판은 퍼졌다.
· He has been **looking around** to find out the best place to live.
그는 가장 살만한 곳을 찾아 전체를 찾아보았다.

· He **showed me around** and introduced me to his relatives.
그는 이곳저곳을 보여주고 나를 그의 친척들에게 소개해 주었다.
· He **wandered around** admiring the furniture.
그는 가구들에 탄복하며 여기저기 기웃거렸다.

④ 사람 또는 장소의 근처

· It means a lot to me. Everyone **around** here is so serious.
그것은 나에게 큰 의미가 있다. 이 근처의 모든 이들이 참으로 심각하다.
· We never say the f-word **around** here.
우리는 이곳에서는 욕을 하지 않는다.
· It's been a month or so before Cal became more than a handyman **around** our house.
칼이 우리 집 근처에서 잡역부로 일한지 한 달 남짓 되었다.

⑤ 다른 방향으로 돌아서

· Their father would murmur confidentially to adults and **ran around** his studio laughing.
그들의 아버지는 비밀스럽게 다른 어른에게 중얼거리고는 웃으며 자신의 스튜디오를 돌아 달렸다.

⑥ 반대방향으로 돌아

· The embarrassed bear **turned around** and went home.
당황한 곰은 뒤로 돌아 집으로 갔다.

⑦ 무엇에 관해

· Themes also **centered around** issues of fidelity.
주제는 충실함과 관련해 모아졌다.

· We did everything - all of our work kind of **circled around** it.
우리는 모든 것을 했다. 일의 모든 것이 그 것을 중심으로 되어 있다.

· But the business is **built around** providing a valuable service to our customers.
그러나 사업은 우리의 고객들에게 가치 있는 서비스를 제공하는 것을 중심으로 이루어져 있다.

⑧ 존재

· If a handsome guy **was around,** she'd act all interested in him.
만일 잘 생긴 친구가 근처에 있으면 그녀는 그에게 관심이 있음을 행동으로 보인다.

· I knew that Daniel **was not around.**
나는 대니얼이 주변에 없었음을 안다.

· No one seems to **be around.** The halls are empty.
아무도 없는 것 같다. 홀이 비어 있다.

코카세션

전치사 'around'가 전치사 'on'이나 'over'와 같이 '주제', '무엇에 관한'이라는 의미로 쓰여지므로 그 사용 사례를 풍부하게 확인하기 위해 아래 그림 17과 같이 '모든 동사+around+모든 명사' 구 검색을 검색창에 입력한다. 이번에는 리스트 방식을 택한다.

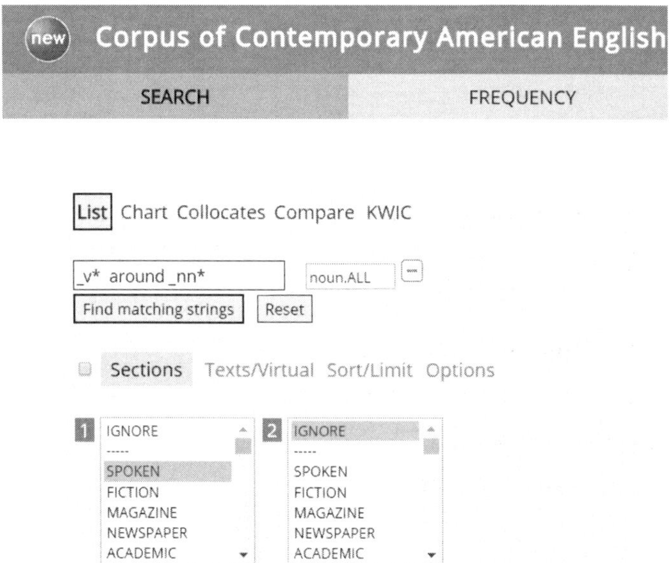

<그림 17> '모든 동사+around+모든 명사' 구의 검색창

기대와는 달리 '주제' 의미로 사용 된 것은 사례가 없어 보인다. 모두 다 사람 또는 장소의 근처나 해당 분야에 종사해 온 것을 뜻한다.

1	BE AROUND PEOPLE	27
2	GO AROUND CONGRESS	13
3	GOING AROUND TOWN	12

4	BEEN AROUND POLITICS	11

I've been around politics all my life,

5	BEING AROUND PEOPLE	10
6	KNOWN AROUND TOWN	9
7	GOING AROUND CONGRESS	8
8	BE AROUND CHILDREN	7
9	BEEN AROUND PEOPLE	6
10	DRIVING AROUND TOWN	6
11	BE AROUND KIDS	5
12	BEEN AROUND TOWN	5
13	DROVE AROUND TOWN	5
14	GET AROUND TOWN	5
15	GO AROUND TOWN	5
16	WALKING AROUND TOWN	5
17	WAS AROUND NOON	5
18	BEING AROUND CHILDREN	4
19	RIDE AROUND TOWN	4
20	RUNNING AROUND TOWN	4
21	WALKING AROUND MONEY	4
22	WAS AROUND MIDNIGHT	4
23	BEEN AROUND MUSLIMS	3
24	'RE AROUND PEOPLE	3
25	HANG AROUND PEOPLE	3
26	REVOLVES AROUND FAMILY	3

It's important that life revolves around family.

27	RUN AROUND TOWN	3
28	SEE AROUND CORNERS	3
29	SEEN AROUND TOWN	3
30	SITTING AROUND TABLES	3

31 THROWING AROUND CHARGES 3
32 WALK AROUND TOWN 3
33 WALKING AROUND CAMPUS 3
34 WENT AROUND CONGRESS 3
35 WORKING AROUND FOOD 3
36 BE AROUND CELEBRITIES 2
37 ARE AROUND PEOPLE 2
38 'RE AROUND MEN 2
39 BE AROUND HORSES 2
40 BEEN AROUND ANIMALS 2
41 BEEN AROUND BABIES 2

I don't think he'd ever really been around babies.

42 BEEN AROUND FILM 2

I've been around film long enough.

43 BEEN AROUND ORCAS 2
44 BEEN AROUND GUNS 2

I never even been around guns before

45 BE AROUND CHRISTMAS 2

She told us that she would be lucky to be around Christmas.

46 BEING AROUND EGGS 2
47 BEING AROUND MEN 2
48 BEING AROUND OTHERS 2
49 COME AROUND CHRISTMAS 2
50 DRIVE AROUND TOWN 2

AGAINST

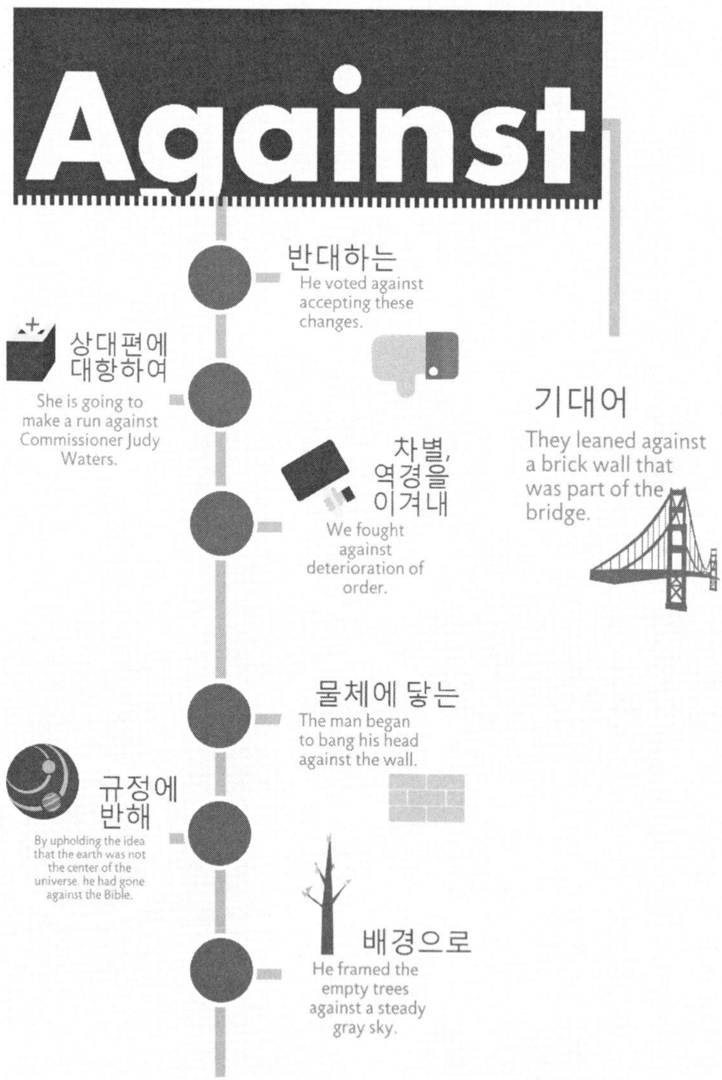
Against
반대하는
He voted against accepting these changes.
상대편에 대항하여
She is going to make a run against Commissioner Judy Waters.
기대어
They leaned against a brick wall that was part of the bridge.
차별, 역경을 이겨내
We fought against deterioration of order.
물체에 닿는
The man began to bang his head against the wall.
규정에 반해
By upholding the idea that the earth was not the center of the universe, he had gone against the Bible.
배경으로
He framed the empty trees against a steady gray sky.

PREVIEW

다음 문장을 읽고 전치사 against가 다음 a~f 중 어떤 의미로 쓰였는지 생각해 보세요.

정답은 뒷면에서 확인하세요. ☞

1. Whenever global warming makes headlines in the news, there are those who come out to show evidence **against** global warming.

2. I awoke to rain drumming **against** my window.

3. Sunlight feels warm **against** my skin.

4. All employees working in Switzerland are required by law to be insured **against** accidents.

5. A bicycle rider went a mile in three minutes with the wind, and returned in four minutes **against** the wind.

6. It is important to weigh the risk of any action **against** its benefits.

a. in the opposite direction
b. to protect someone or something from
c. what you are comparing something with
d. something touches, hits, or rubs a surface
e. someone opposes or disagrees with something
f. seen with something else behind or as a background

CHECK IT

1. Whenever global warming makes headlines in the news, there are those who come out to show evidence **against** global warming.
   지구 온난화가 뉴스의 헤드라인을 장식할 때마다 지구 온난화를 부정하는 증거를 보여주러 나타나는 사람들이 있다.
(someone opposes or disagrees with something)

2. I awoke to rain drumming **against** my window.
   나는 창문을 두드리는 빗소리에 잠을 깼다.
(something touches, hits, or rubs a surface)

3. Sunlight feels warm **against** my skin.
   햇빛이 내 피부에 따뜻하게 느껴진다.
(seen with something else behind or as a background)

4. All employees working in Switzerland are required by law to be insured **against** accidents.
   스위스에서 일하는 모든 직원들은 법에 의해 사고를 대비하는 보험에 들도록 되어 있다.
(to protect someone or something from)

5. A bicycle rider went a mile in three minutes with the wind, and returned in four minutes **against** the wind.
   자전거를 탄 사람은 바람이 부는 방향으로는 3분에 1마일을 달렸고 바람과 반대 방향으로 4분에 1마을을 달려 되돌아갔다.
(in the opposite direction)

6. It is important to weigh the risk of any action **against** its benefits.
   어떤 행동이든 혜택 대비 위험성을 저울질 해보는 것이 중요하다.
(what you are comparing something with)

① 기대어

· Katy sighed with relief and leaned heavily **against** the front door.
캐티는 한숨을 쉬며 앞문에 온 몸을 기대고 있었다.

· The tree said, "Hen, come outside and rest your back **against** the bark of my trunk."
나무가 말했다. "닭아 밖으로 나와 등을 내 줄기의 껍질에 기대고 쉬어라."

· They **leaned against** a brick wall that was part of the bridge.
그들은 다리의 일부분인 벽돌 벽에 기대었다.

② 반대하는

· He **voted against** accepting these changes, citing an overall lack of data.
그는 데이터가 부족하다는 이유를 대면서 이러한 변화를 수용하기를 반대하는 투표를 했다.

· Barny gets in **fierce arguments against** collaborating with the Vichy government.
바니는 비치정부와 협력하는 것에 극렬하게 반대하는 논쟁을 한다.

· My church has **strong policies against** endorsing candidates.
우리 교회는 후보자들을 공식인정하는 것에 대해 반대하는 강한 원칙이 있다.

· Spain supported a Catholic uprising in Ireland **against** English rule.
스페인은 영국의 통치에 반대하는 아일랜드에서의 천주교측의 데모를 지원했다.

· So they think they were all **against slavery.**
그래서 그들은 모두 노예제에 반대한다고 생각한다.

③ 경기, 선거에서 상대편에 대항하여

· She is going to make a run **against** Commissioner Judy Waters.
그녀는 위원회 회장인 쥬디 워터에 대항해 출마할 것이다.

· New Zealand is a quality team. Just a good result **against** another World Cup team.
뉴질랜드 팀은 훌륭하다. 다른 월드컵 팀과의 경기에서 좋은 결과를 보였다.
· Mr. Bush - either you're with me or you're **against** me and that's it.
부시 씨, 단지 나와 함께 할 거냐 아니면 나와 대항할 것이냐 그것입니다.

④ 위협이나 부당함, 차별, 역경을 이겨내

· He outwits others and succeeds **against great odds.**
그는 다른 이들에게 한 수 앞서고 상당한 어려움을 이겨 성공한다.
· He is doing his best to protect citizens **against crimes of violence.**
그는 폭력 범죄에 대항해 시민들을 보호하는 데 최선을 다하고 있다.
· We **fought against deterioration** of order.
우리는 질서가 악화되는 것에 반대해 싸웠다.
· Some Africans who lived 1,600 years ago were **protected against disease** by natural antibiotics in their food.
1600년 전에 살았던 어떤 아프리카인들은 그들의 음식에 있는 자연 항생제로 인해 질병에 저항하는 보호를 받았다.
· Her beauty **worked against her** when she started as a reporter in Louisville.
그녀가 루이스빌에서 기자로써 시작할 때 그녀의 미모는 그녀에게 우호적으로 작동되지 않았다.
· Inoculation is certainly **the best protection against** such diseases .
예방접종은 확실히 그러한 질병에 대항해 가장 좋은 보호책이다.

⑤ 서 있는 물체의 표면을 닿거나, 비비거나 때리는

· Then the man began to bang his head **gainst the wall.**
그리고나서 그는 그의 머리를 벽에 부딪치기 시작했다.
· Since they didn't wear a seat belt, their head was smashed **against a cement**

wall.
그들은 안전벨트를 매지 않아 그들의 머리가 시멘트 벽에 강하게 부딪쳤다.

· Prince's headphoned head is bopping **against the back of his seat**, his arms pounding the armrests.
프린스의 헤드폰을 쓴 머리가 그의 의자 뒤에 가볍게 부딪치며 그의 팔은 팔걸이를 두드리고 있다.

⑥ 규정이나 법, 가르침에 반해

· By upholding the idea that the earth was not the center of the universe, he had gone **against the Bible** and everything the ancient philosophers had taught.
지구가 우주의 중심이 아니라는 생각을 지지함으로 그는 성경과 고대 철학자들이 가르친 모든 것에 반했다.

· Bringing foreign money into the country in enormous quantities illegally is clearly **against the law.**
상당히 많은 양의 외국환을 국내에 가지고 들어오는 것은 확실히 법에 어긋난다.

⑦ 배경으로

· He framed the empty trees **against a steady gray sky.**
그는 짙은 회색 하늘을 배경으로 찍은 빈나무를 프레임했다.

· Miranda looks down at her bare feet, pale **against the floor.**
미란다는 바닥을 배경으로 파리해진 자신의 맨발을 내려본다.

코카세션

전치사 'against'와 가장 빈번하게 사용되는 동사를 알아보기 위해 '모든 동사+against+모든 명사'를 그림 18과 같이 검색창에 입력하였다.

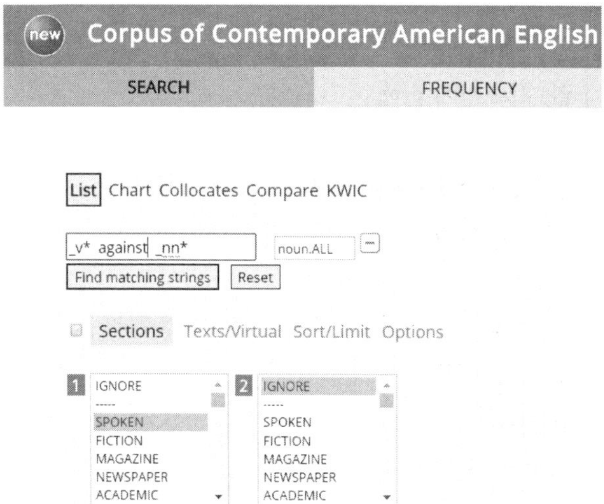

<그림 18> '모든 동사+against+모든 명사' 구의 검색창

1	HOPING AGAINST HOPE	107
2	DISCRIMINATE AGAINST WOMEN	45
3	PROTECT AGAINST HEART	43
4	DISCRIMINATE AGAINST PEOPLE	38
5	RACING AGAINST TIME	28
6	HOPE AGAINST HOPE	26
7	HOPED AGAINST HOPE	25
8	PROTECT AGAINST CANCER	24
9	PROTECTS AGAINST HEART	22
10	DISCRIMINATING AGAINST PEOPLE	19
11	IS AGAINST IT	19

12	PROTECT AGAINST BREAST	19
13	DISCRIMINATING AGAINST WOMEN	18
14	DISCRIMINATE AGAINST GAYS	17
15	ARE AGAINST ABORTION	16
16	DISCRIMINATE AGAINST MINORITIES	14
17	DISCRIMINATED AGAINST WOMEN	14
18	IS AGAINST ABORTION	13
19	VACCINATED AGAINST SMALLPOX	13
20	ARE AGAINST TEAMS	12
21	DISCRIMINATE AGAINST BLACKS	12
22	DISCRIMINATES AGAINST WOMEN	12
23	PLAYING AGAINST TYPE	12
24	'S AGAINST REGULATIONS	11
25	COMPETE AGAINST MEN	11
26	DISCRIMINATED AGAINST BLACKS	11
27	PROTECTING AGAINST HEART	11
28	RUNNING AGAINST REPUBLICAN	11
29	USED AGAINST PEOPLE	11
30	VOTE AGAINST IMPEACHMENT	11
31	COMMITTED AGAINST WOMEN	10
32	IS AGAINST ISLAM	10
33	PLAY AGAINST TYPE	10
34	PLAYING AGAINST GUYS	10
35	PROTECT AGAINST COLON	10
36	PROTECT AGAINST DISEASE	10
37	RUN AGAINST CONGRESS	10
38	'S AGAINST IT	9
39	DISCRIMINATE AGAINST HOMOSEXUALS	9
40	BIASED AGAINST BLACKS	8

상위 40위까지 검토하면 동사 중 discriminate, protect, race, hope, vaccinate, play, compete, run, vote, commit, biased 등 11개의 동사가 사용 빈도가 가장 높았다.

BEHIND

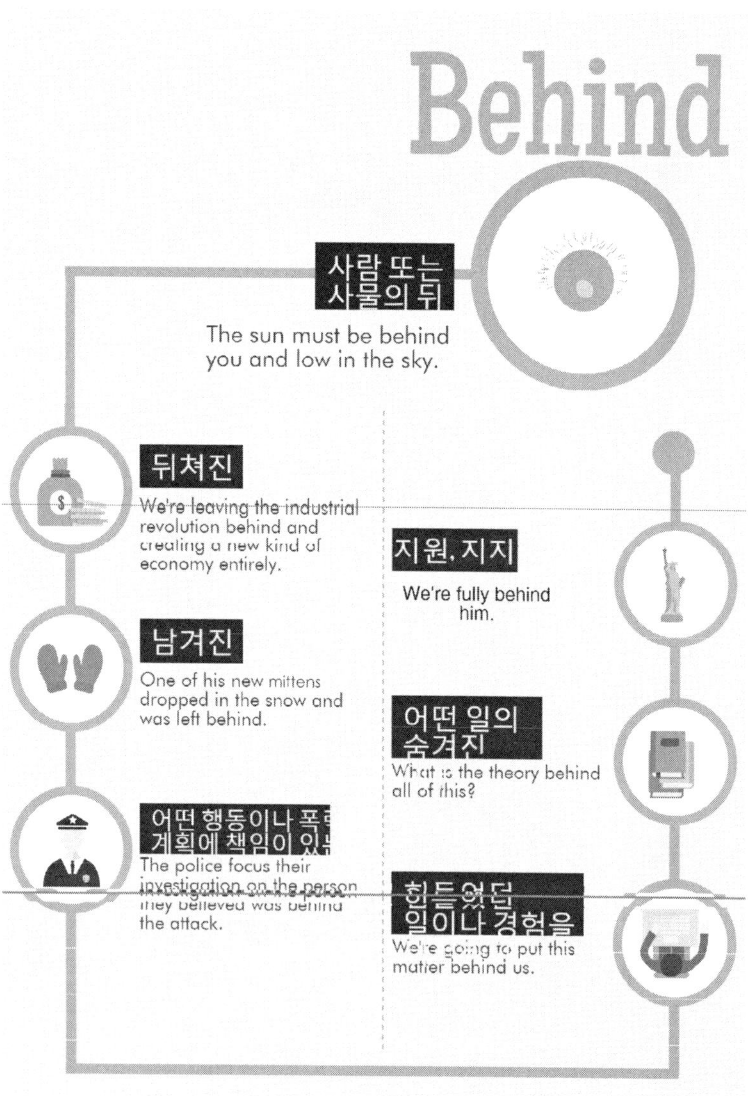
Behind
사람 또는 사물의 뒤
The sun must be behind you and low in the sky.
뒤처진
We're leaving the industrial revolution behind and creating a new kind of economy entirely.
남겨진
One of his new mittens dropped in the snow and was left behind.
어떤 행동이나 폭
계획에 책임이 있
The police focus their investigation on the person they believed was behind the attack.
지원, 지지
We're fully behind him.
어떤 일의 숨겨진
What is the theory behind all of this?
힘들었던 일이나 경험을
We're going to put this matter behind us.

PREVIEW

다음 문장을 읽고 전치사 behind가 어떤 의미로 쓰였는지 생각해보세요.

정답은 뒷면에서 확인하세요. ☞

1. Please close the door **behind** you.

2. Relax and leave those worries and issues **behind** you.

3. The Gunners are 12 points **behind** leaders Chelsea in the Premier League after their FA Cup triumph last term.

4. What's the intent **behind** this documentation?

5. My parents were always encouraging and told me they were **behind** me.

6. There is little clarity on who is **behind** the violence.

a. supporting
b. responsible
c. no longer affecting your life
d. hidden reason for something
e. at or towards the back of a thing or person
f. not having made as much progress as someone or something else

CHECK IT

1. Please close the door **behind** you.
   문 닫고 나가세요.
   (at or towards the back of a thing or person)

2. Relax and leave those worries and issues **behind** you.
   긴장을 풀고 걱정과 문제들을 내려 놓으세요.
   (no longer affecting your life)

3. The Gunners are 12 points **behind** leaders Chelsea in the Premier League after their FA Cup triumph last term.
   The Gunners는 지난 시기 FA Cup 우승 이후에 Premier League 우승 팀 Chelsea에 12점 뒤지고 있다.
   (not having made as much progress as someone or something else)

4. What's the intent **behind** this documentation?
   이 문건 뒤에 숨은 의도가 무엇인가?
   (hidden reason for something)

5. My parents were always encouraging and told me they were **behind** me.
   우리 부모님은 항상 격려를 해주시고 나를 지지한다고 말씀하셨다.
   (supporting)

6. There is little clarity on who is **behind** the violence.
   누가 폭력에 책임 있는가에 대한 명확성이 부족하다.
   (responsible)

① 사람 또는 사물의 뒤

· She **kept close behind** Wilfred and she couldn't help feeling a little nervous.
그녀는 윌프레드 뒤에 가까이 있었고 약간 불안 할 수밖에 없었다.

· The sun must be **behind** you and low in the sky.
태양이 하늘 아래 네 뒤에 있을 것이다.

· A raccoon came out from **behind** a tree.
라쿤이 나무 뒤에서 나왔다.

② 뒤쳐진

· It's **putting me behind** a little bit, but it's going to pay off.
내가 약간 뒤 쳐졌으나 보상이 따를 것이다.

· We're **leaving the industrial revolution behind** and creating a new kind of economy entirely.
우리는 산업혁명은 뒤쳐졌으나 완전히 새로운 종류의 경제를 창안할 것이다.

· We have done best when we're **running some a little bit behind** and got to catch up.
우리가 약간 쳐져서 따라 잡아야만 했을 때 최선을 다해왔다.

· Annettes' daughter **was falling behind** and had been singled out for special education.
아넷의 딸이 뒤쳐져 특수교육의 대상으로 채택되었다.

· The Republicans are **falling further behind** Democrats Obama and Biden.
공화당은 민주당의 오바마와 바이든에게 많이 뒤졌다.

· She's now **four months behind on** her payments.
그녀는 현재 월급이 4개월 밀렸다.

③ 남겨진

· One of his new mittens dropped in the snow and **was left behind.**
그의 벙어리장갑 중 하나가 눈 속에 떨어져 잃어버렸다.

· One more word you can **stay behind** after class.
한마디만 더 하면 수업 후 남는 것이다.

· A killer who **left behind** a calling card.
살인자는 전화카드를 남겼다.

④ 어떤 행동이나 폭력, 계획에 책임이 있는

· Al Qaeda central may not be **behind** a certain terrorist attack that takes place.
알카에다 본부가 발생한 테러 공격의 배후가 아닐 수 있다.

· The evidence shows that he was **behind** some of the attacks in the 1990s.
그가 1990년대의 공격 중 몇 개의 배후라는 증거가 있다.

· Perhaps your father was **behind** that disappearance.
아마도 당신의 아버지가 그 실종의 배후였다.

· Was a foreign government **behind** the murder?
외국 정부가 그 살인의 배후였나요?

· The White House was **behind** this choice.
백악관이 이 선택의 배후였다.

⑤ 지원, 지지

· Senate Democrats are united behind a plan to divide the surplus one-third.
민주당의 상원은 초과분의 1/3을 나누는 계획에 지지하는 데 단합했다.

· We're **fully behind** him.
우리는 전적으로 그를 지지한다.

⑥ 어떤 일의 숨겨진 이유, 사유

· What is the theory **behind** all of this?
이 모든 것의 이론적 이유가 뭐지?
· What's **behind** all that?
그 모든 것이 숨겨진 것이 무엇이지?
· What is the idea **behind** bringing them to a school like this?
그들을 이 같은 학교로 데리고 온 생각의 사유가 뭐지?
· Why wouldn't you wanna know what was truly **behind** his death?
그의 죽음의 진짜 이유를 왜 알고 싶은 것인지?
· Here's the story **behind** the story.
여기 그 이야기 뒤의 숨겨진 이야기가 있다.

⑦ 힘들었던 일이나 경험을 뒤로하고

· It's important to **put it behind us.**
이젠 그 것을 잊는 것이 중요하다.
· We're going to **put this matter behind us.**
우리는 이 문제를 잊을 것이다.

코카세션

전치사 'behind'가 지원, 지지, 책임이 있는, 숨겨진 사유의 의미로 사용될 때 부사와 결합되어 'truly behind his death'와 같이 사용이 가능하다. 그 사용 사례를 검색하기 위해 '부사+behind+명사'구의 검색을 그림 21과 같이 시도해본다. KWIC 방식을 선택했다.

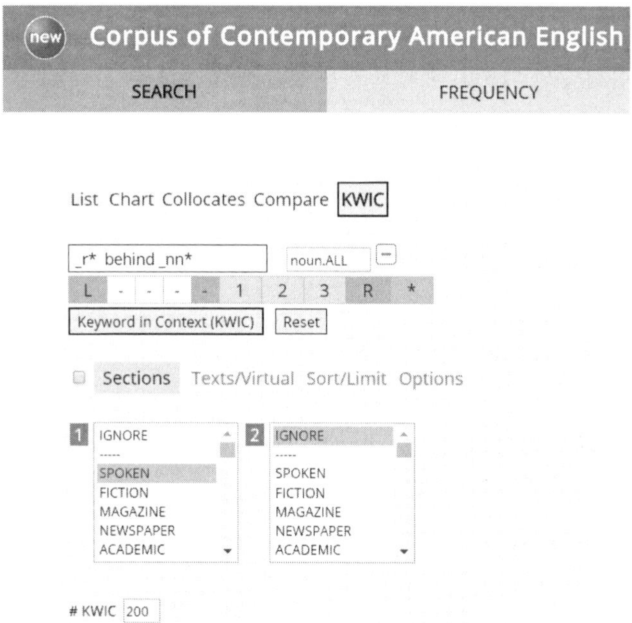

<그림 21> '부사+behind+명사' 구의 검색창

2. In Britain nine men accused of planning terror attacks are still behind bars after a court appearance Monday. Three others were freed. 여전히 감옥에 있다.
3. Meantime, Congressman Condit's younger brother is now behind bars after being arrested yesterday checking into a hotel near. 감옥에 있다.

6. underneath Yucca Mountain in Nevada. But the project is far behind schedule and can't open until 2010 at the earliest.

위 3개의 예문처럼 '감옥에 있다', '일정에 늦었다'라는 쓰임이 가장 많았다. '감옥에 있다'와 관련된 표현의 출현 빈도가 높기에 '모든 부사+behind+bars'를 검색창에 입력해 사례를 리스트로 출현시킨 결과 아래와 같은 결과가 제시되었다.

1	NOW BEHIND BARS	30
2	UP BEHIND BARS	14
3	BACK BEHIND BARS	12
4	STILL BEHIND BARS	9
5	EVEN BEHIND BARS	5
6	FINALLY BEHIND BARS	3
7	CURRENTLY BEHIND BARS	3
8	ALREADY BEHIND BARS	3
9	ALONE BEHIND BARS	2
10	BOTH BEHIND BARS	2
11	IN BEHIND BARS	2
12	LONGER BEHIND BARS	2
13	SAFELY BEHIND BARS	2
14	ON BEHIND BARS	2
15	THROUGH BEHIND BARS	1
16	JUST BEHIND BARS	
17	CLEARLY BEHIND BARS	1
18	BASICALLY BEHIND BARS	1
19	APPARENTLY BEHIND BARS	1
20	ALSO BEHIND BARS	1
21	ACTUALLY BEHIND BARS	

이와 같이 '감옥에 있다'를 수식하는 부사어의 쓰임이 그 사용 빈도가 높은 것은 아마도 미국의 감옥의 수용인구가 높은 것과도 관련이 있는 듯하다.

다음 사례는 '뒤처진'이라는 의미로 사용된 사례인데 이것 또한 빈도가 높았다.

18. million, making it the third-leading cause of death, **just behind heart disease and cancer**, and **ahead of chronic lung disease** and
이 경우는 '심장질환과 암 다음 그리고 만성 폐질환 앞'이라는 뜻으로 3번째 주요 사인인 알츠하이머를 설명하는 것이다. 전체 인용글은 아래와 같다.

"The CDC ranks **Alzheimer's** as the sixth-leading killer in the U.S., accounting for nearly 85,000 deaths a year. But the study in the journal" Neurology "puts the annual death toll around half-a-million, **making it the third-leading cause of death, just behind heart disease and cancer, and ahead of chronic lung disease and strokes.**"

28. that's showed that African-American males **are behind, yet behind right from elementary school** and some of the research has shown 초등학교부터 뒤지기 시작하는 미국 흑인소년들

지자 하는 '지원, 지지, 숨겨진 사유, 책임이 있는'의 의미로 쓰여진 사례는 다음 같다.

56. I 'n ing out there today to **do a little behind-the scenes** of The Myst of Laura. 숨어서 몰래 하는

60. wanted t further with some of those who stand **strongly behind Reverend** people who no longer trust the London 목사 패슬리를 강하게 지지

62. where are you in this race? Are you **unequivocally behind Governor Romney** and do you really think he can win? 분명히 주지사 롬니를 지지하는

63. amount of government power and elite opinion **basically behind policies** that haven't worked well for the middle class and 기본적으로 정책에 책임이 있는

64. should say, we, the Republican party, are **squarely behind policies** that will encourage the formation of strong families 강한 가족형성을 촉진하는 정책을 명확하게 지지

72. He 's also 85 years old. And was amazing **today behind stage** was two of his sons were there, his granddaughter were 무대 뒤, 직접적으로 공연계에서도 사용하지만 공연계가 아닌 분야, 예를 들어 정치분야 같은 곳에서는 막후 실력자를 의미할 때 'master behind stage'라는 식으로 사용한다.

74. related One, was why was the Pentagon **seemingly so behind reporters** who are absolutely confirming that we were doing 겉으로 보기엔 기자들을 지지하는

77. you know, there's no telling **what goes on behind people's closed doors.** 사람들이 보지 않는 곳에서는 무슨 일이 있는지를

78. is gifting you with a chance to see **what is actually behind Trump's promises and criticisms.** Is he telling the truth that 실제로 트럼프의 약속과 비판 뒤에 무엇이 있는지는

82. that they are best friends. They **are not hanging out behind scene,**

behind Idol scenes. 무대 뒤, 화려한 스타의 생활 뒤

93. near the tower. Once the camera was **safely tucked away behind camouflage**, it was a matter of waiting and hoping. 안전하게 위장 뒤에 숨겨진 상태에서

"All right. So Patrick, you first. Who is El Chapo in terms of, you know, the enormity and the influence of the whole drug cartel trafficking business, and how is it he **became so powerful, even behind bars?"**
감옥에 있어도 여전히 막강한 권력을 유지하고 있는 이들이 어찌 마약조직 보스 뿐이겠는가!

EXERCISE 21 (AROUND, AGAINST, BEHIND)

다음 문장의 의미에 적절한 전치사를 골라보세요.

정답은 뒷면에서 확인하세요. ☞

1. They toured [around / against] London and the countryside.

2. We fought [around / against] deterioration of order.

3. Her beauty worked [around / against] her when she started as a reporter in Louisville.

4. We're leaving the industrial revolution [behind / around] and creating a new kind of economy entirely.

5. It's been a month or so before Cal became more than a handyman [around / against] our house.

6. The Republicans are falling further [around / behind] Democrats Obama and Biden.

7. I saw someone wandering [around / against] the street.

8. All employees working in Switzerland are required by law to be insured [against / behind] accidents.

ANSWERS: EXERCISE 21 (AROUND, AGAINST, BEHIND)

1. They toured [around] London and the countryside.
   그들은 런던과 시골을 구석구석 다녀보았다.

2. We fought [against] deterioration of order.
   우리는 질서가 악화되는 것에 반대해 싸웠다.

3. Her beauty worked [against] her when she started as a reporter in Louisville.
   그녀가 루이스빌에서 기자로 일을 시작했을 때 그녀의 미모는 그녀에게 불리한 역할을 했다.

4. We're leaving the industrial revolution [behind] and creating a new kind of economy entirely.
   우리는 산업혁명은 뒤처졌으나 완전히 새로운 종류의 경제를 창안하고 있다.

5. It's been a month or so before Cal became more than a handyman [around] our house.
   Cal이 우리 집 근처에서 잡역부로 일한지 한 달 남짓 되었다.

6. The Republicans are falling further [behind] Democrats Obama and Biden.
   공화당은 민주당의 오바마와 바이든에게 많이 뒤지고 있다.

7. I saw someone wandering [around] the street.
   나는 누군가가 거리를 여기 저기 배회하는 것을 보았다.

8. All employees working in Switzerland are required by law to be insured [against] accidents.
   스위스에서 일하는 모든 직원들은 법에 의해 사고를 대비하는 보험에 들도록 의무화되어 있다.

EXERCISE 22 (AROUND, AGAINST, BEHIND)

전치사 around, against, behind 중에서 하나를 골라 다음 문장을 완성해보세요.

정답은 뒷면에서 확인하세요. ☞

1. Senate Democrats are united _______ a plan to divide the surplus one-third.

2. The air _______ us always contains some water vapor.

3. Barny gets in fierce arguments _______ collaborating with the Vichy government.

4. Reporters crowded _______ the shopping district and sent out their reports on this curious event across the nation.

5. By upholding the idea that the earth was not the center of the universe, he had gone _______ the Bible and everything the ancient philosophers had taught.

6. The evidence shows that he was _______ some of the attacks in the 1990s.

7. I awoke to rain drumming _______ my window.

8. Relax and leave those worries and issues _______ you.

ANSWERS: EXERCISE 22 (AROUND, AGAINST, BEHIND)

1. Senate Democrats are united [behind] a plan to divide the surplus one-third.
   민주당의 상원은 초과분의 1/3을 분배하는 계획에 지지하는 데 단합했다.

2. The air [around] us always contains some water vapor.
   우리 주변의 공기는 항상 약간의 물기를 머금고 있다.

3. Barny gets in fierce arguments [against] collaborating with the Vichy government.
   Barny는 Vichy 정부와의 협력에 극렬하게 반대하는 논쟁을 한다.

4. Reporters crowded [around] the shopping district and sent out their reports on this curious event across the nation.
   기자들이 상가 구역 주변으로 모여들었고 이 궁금한 사건에 대한 보도를 전국에 내보냈다.

5. By upholding the idea that the earth was not the center of the universe, he had gone [against] the Bible and everything the ancient philosophers had taught.
   지구가 우주의 중심이 아니라는 생각을 지지함으로 그는 성경과 고대 철학자들이 가르친 모든 것에 반대하게 되었다.

6. The evidence shows that he was [behind] some of the attacks in the 1990s.
   그가 1990년대의 일부 공격의 배후라는 증거가 있다.

7. I awoke to rain drumming [against] my window.
   나는 창문을 두드리는 빗소리에 잠을 깼다.

8. Relax and leave those worries and issues [behind] you.
   긴장을 풀고 걱정과 문제들을 내려놓으세요.

EXERCISE 23 (AGAINST, BEHIND, WITH, OVER)

다음 문장을 읽고 전치사가 잘못 사용된 경우 전치사를 고쳐 보세요.

정답은 뒷면에서 확인하세요. ☞

1. Miranda looks down at her bare feet, pale against the floor.

2. Katy sighed with relief and leaned heavily over the front door.

3. It's a good idea to discuss the problem with a sympathetic teacher.

4. Perhaps your boss was over that disappearance.

5. She leaned against her desk to grab the phone.

6. What's the intent behind this documentation?

7. The emperor ruled against an empire that stretched from Persia across to India.

8. Inoculation is certainly the best protection behind such diseases.

ANSWERS: EXERCISE 23 (AGAINST, BEHIND, WITH, OVER)

1. Miranda looks down at her bare feet, pale [against] the floor.
   Miranda는 바닥을 배경으로 파리해진 자신의 맨발을 내려 본다.

2. Katy sighed with relief and leaned heavily [~~over~~ → against] the front door.
   Katy는 한숨을 쉬며 앞문에 온 몸을 기대고 있었다.

3. It's a good idea to discuss the problem [with] a sympathetic teacher.
   그 문제를 공감해주는 선생님과 의논해보는 것은 좋은 생각이다.

4. Perhaps your boss was [~~over~~ → behind] that disappearance.
   아마도 당신의 상사가 그 실종의 배후였을 것이다.

5. She leaned [~~against~~ → over] her desk to grab the phone.
   그녀는 전화기를 움켜잡으려고 책상 위로 몸을 기울였다.

6. What's the intent [behind] this documentation?
   이 문건 뒤에 숨은 의도가 무엇인가?

7. The emperor ruled [~~against~~ → over] an empire that stretched from Persia across to India.
   황제는 페르시아에서 인도까지 뻗어있던 왕국을 지배하였다.

8. Inoculation is certainly the best protection [~~against~~ → behind] such diseases.
   예방접종은 확실히 그러한 질병에 대한 가장 좋은 보호책이다.

EXERCISE 24 (AROUND, AGAINST, BEHIND)

다음 문장의 의미에 맞는 전치사를 골라보세요.

정답은 뒷면에서 확인하세요. ☞

1. It is important to weigh the risk of any action _____ its benefits.
   a. against b. around

2. There is little clarity on who is _____ the violence.
   a. around b. behind

3. Since he didn't wear a seat belt, his head was smashed _____ a cement wall.
   a. around b. against

4. A killer left _____ a calling card.
   a. against b. behind

5. The business is built _____ providing a valuable service to our customers.
   a. around b. behind

6. The hen went for a walk across the yard _____ the pond.
   a. around b. against

7. My church has strong policies _____ endorsing candidates.
   a. against b. behind

8. We're going to put this matter _____ us.
   a. behind b. around

ANSWERS: EXERCISE 24 (AROUND, AGAINST, BEHIND)

1. It is important to weigh the risk of any action [against] its benefits.
어떤 행동이든 혜택 대비 위험성을 저울질 해보는 것이 중요하다.

2. There is little clarity on who is [behind] the violence.
누가 폭력에 책임 있는가에 대한 명확성이 부족하다.

3. Since he didn't wear a seat belt, his head was smashed [against] a cement wall.
그는 안전벨트를 매지 않아 머리가 시멘트 벽에 강하게 부딪쳤다.

4. A killer left [behind] a calling card.
살인자는 전화카드를 남겼다.

5. The business is built [around] providing a valuable service to our customers.
그 사업은 우리의 고객들에게 가치 있는 서비스를 제공하는 것을 중심으로 이루어져 있다.

6. The hen went for a walk across the yard [around] the pond.
닭인 로지는 마당을 가로질러 연못을 둘러 산책을 했다.

7. My church has strong policies [against] endorsing candidates.
우리 교회는 후보자들을 공식 인정하는 것에 대한 강력한 원칙이 있다.

8. We're going to put this matter [behind] us.
우리는 이 문제를 잊을 것이다.

UP

UP
보다 높은 곳, 위쪽으로
His family lived seven miles up a canyon.
똑바로 서서, 세워
I lean up against the wall next to him.
사람이나 사물에 매우 가까이
He came up to me suddenly, and I was startled.
종료, 완성
I didn't want to contemplate the patience required to clean up an abandoned hut.
좀 더 많이
Group predicts average employer health premiums will go up 9.4 percent this year.
깨어 있는 상태
Then police find and interview this woman, who was up late, texting with Jim Spelock most of that night.
북쪽 방향으로
Well, it's also good if you're up North and you're going out cross-country skiing or something.

PREVIEW

다음 문장을 읽고 전치사 up이 어떤 의미로 쓰였는지 생각해보세요.

정답은 뒷면에서 확인하세요. ☞

1. Judy was quiet as they went **up** the hill.
2. She was **up** a ladder mending the roof.
3. We walked **up** the road to a restaurant called The Last Pizza Show.
4. We've used **up** nearly all our savings on Mom's liver transplant and other treatments.
5. If you have to split **up** money between a group of people, you might want to divide the amount of money by the number of people there are.
6. The shopkeeper added **up** the day's profits.

a. along
b. finishing
c. collecting
d. dividing/cutting
e. in a higher position
f. to a higher position

CHECK IT

1. Judy was quiet as they went **up** the hill.
   그들이 언덕을 올라갈 때 Judy는 말이 없었다.
(to a higher position)

2. She was **up** a ladder mending the roof.
   그녀는 사다리에 올라 지붕을 수리했다.
(in a higher position)

3. We walked **up** the road to a restaurant called The Last Pizza Show.
   우리는 The Last Pizza Show라는 이름의 식당까지 길을 따라 걸었다.
(along)

4. We've used **up** nearly all our savings on Mom's liver transplant and other treatments.
   우리는 엄마의 간 이식과 기타 치료에 거의 모든 저축을 써버렸다.
(finishing)

5. If you have to split **up** money between a group of people, you might want to divide the amount of money by the number of people there are.
   한 무리의 사람들 간에 돈을 나누어 주려면, 돈의 양을 사람의 수로 나누고자 할 것이다.
(dividing/cutting)

6. The shopkeeper added **up** the day's profits.
   가게 주인은 그 날의 수익을 모두 합산했다.
(collecting)

① 보다 높은 곳, 위쪽으로

· Nod your head slightly **up and down** as you say it.
너의 머리를 네가 말할 때 조금씩 위 아래로 끄덕인다.

· Why don't you see if there is something **up** in the attics for you to wear?
네가 입을 만한 것이 위 다락에 있는지를 보렴.

· His family lived seven miles **up** a canyon.
그의 가족은 계곡 7마일 위쪽 살았었다.

· The sky looked even bluer **up** here.
하늘은 이 곳 위에서 더 파랗게 보였다.

· My cousin Jimmy lives **up** the block.
우리 사촌 지미는 자 위쪽 블록에 살고 있다.

② 똑바로 서서, 세워

· I **lean up against** the wall next to him.
나는 그의 옆에서 바로 서서 벽에 기댄다.

· I **sat up** and pushed the mosquito netting aside.
나는 일어나 모기장을 옆으로 치웠다.

③ 사람이나 사물에 매우 가까이

· But first, lets see what they saw this weekend **up close.**
그렇지만 우선 그들이 이 번 주말에 무엇을 보았는지 자세히 알아봅시다.

· He **came up to me** suddenly, and I was startled.
그는 갑자기 나에게 바짝 다가와 나는 놀랬다.

④ 종료, 완성

· I didn't want to contemplate the patience required to **clean up** an abandoned hut.
나는 그 버려진 오두막을 깨끗이 청소하는 데 필요한 인내심을 미리 고려하고 싶지는 않다.

· The car salesmen **dressed up** as reindeer.
자동차 판매인은 옷을 멋지게 차려 입었다.

· She **has used up** all her ribbons.
그녀는 그녀의 모든 리본을 다 써 버렸다.

· They **had built up** an impressive net worth that currently tops $439,000.
그들은 인상적인, 현 가치가 순수 439,000달러인 것을 성사시켰다

· He's going to **clean up** and fix up the coast.
그는 연안을 깨끗이 청소하고 고쳐놓을 것이다.

⑤ 좀 더 많이

· Group predicts average employer health premiums will **go up** 9.4 percent this year.
그룹은 평균적인 고용인들의 올해 건강보험이 9.4% 인상될 것이라 예측했다.

· **Turn up** the radio.
라디오 좀 소리를 조금 높여봐.

· Her voice **shot up** a few more decibels.
그녀의 목소리는 몇 데시벨 높였다.

⑥ 깨어 있는 상태

· Then police find and interview this woman, who was **up** late, texting with Jim most of that night.

그리고 나서 경찰은 밤늦게까지 않자고 그날 밤 대부분을 짐과 문자를 주고받은 여인을 찾아 인터뷰한다.

· Are you guys still **up**?

⑦ 북쪽 방향으로

· Well, it's also good if you're **up North** and you're going out cross-country skiing or something.
글쎄, 네가 북쪽으로 가 크로스컨튜리 스키나 다른 것을 하는 것도 좋을 것이다.

· We think it's going to go right **up the coast**.
우리 생각엔 해안을 끼고 북쪽으로 가는 거다.

· Tropical Storm Andrea marches **up the East Coast**.
열대성 폭우인 안드리아는 동해안 북쪽으로 나아간다.

코카세션

종료, 완성을 뜻하는 전치사 'up'의 사용 사례를 좀 더 보고자 '모든 동사+up+모든 명사'를 검색창에 그림 19와 같이 입력, 이번에는 KWIC방식의 실제 사용 사례문을 보려고 했다.

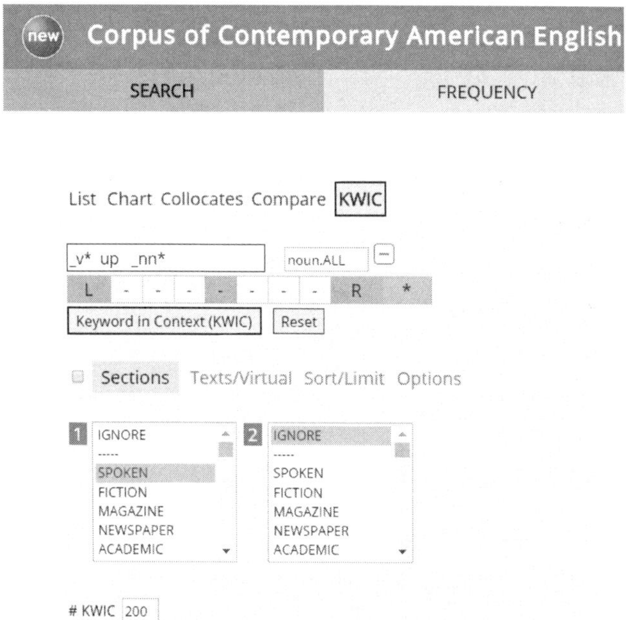

<그림 19> '모든 동사+up+모든 명사' 구의 검색창

1. convincing people who had no incentive to talk to **give up information** about a murder. I mean, witnesses had no incentive
2. I'm dealing with Mafia people. I'm **making up stories** about where I'm going and why am I going.
3. Then, men obsessed with big muscles. **Pumping up** hour after hour, and they can't stop. What's

4. So who is Jimmy Buffett? And how come he **shows up** year after year on the list of top moneymakers in the
5. You're **throwing up** stuff against the wall
6. winter setting in and a shortage of supplies, they **set up camp** along two lakes in hopes someone would come to their rescue
7. human resources flooding back into Kabul. And it also **builds up** confidence among the population in Afghanistan .
8. in Madrid and London. But they have substantially **ramped up security** and are to be commended for it;
9. city, privately and publicly hired crews **are breaking up** rubble and bringing down houses inspected and judged to be
10. that Iraqis hear not only Baghdad radio, but they **pick up VOA** and British broadcasting as well. We talked to people
11. a while until he got really sick. He **was coughing up** blood and everything. And that 's what finally got him to
12. between the two BROWN Correct. Under the floor, **ripping up carpet** and flooring
13. from Fukushima, Miles O'Brien examines the efforts to **clean up homes** and land lost after the nuclear meltdown.
14. us how to make something ourselves. We'll be **cutting up paper** and making centerpieces, right?
15. Let me ask Vickie Patton, are they **mixing up apples** and oranges here?
16. says he reads a lot more than most people, **picking up** bits and pieces that stick to what he calls his ' flypaper.
17. site for a hazardous waste incinerator, angry townspeople **put up signs** and protested.
18. is the money, the fundraisers and the people who **put up bucks** and say it's worth the time and effort
19. if you will, about using your handkerchief to **over up** coughs and

sneezes. And there's this cartoon set of characters

검토결과 이제까지의 사례문처럼 종료나 완결을 뜻하는 전치사 up의 사용보다는 구동사로서 give up, make up, pump up, show up, throw up, set up, build up, ramp up, break up, pick up, cough up, clean up, cut up, mix up, put up, cover up과 같은 구동사들이 주를 이루었다.

DOWN

보다 낮은 곳,
낮은 쪽으로
I see a lot of people in the audience with tears coming down from their eyes.
길을 따라
By this time, he was on his way down the road and all the other people were running to keep ahead of it.
앉다, 눕다와 함께
The boys were lying down asleep next to each other in the backseat.
종료, 완성
A public outcry led the government to shut down its sex ads.
좀 더 적게
You can use it to slow it down around plants and give them an extra drink.
남쪽 방향으로
It seems any one of the three of us were down in Mexico or further down in Latin America.
사람,사물에 대해 좋지
않은 태도를 가지고 있는
He's very upset. You shouldn't be so down on him.
종이,책에
무언가를 씀
My husband had written down on his terms that he wanted the two dogs along with his cars.
질병에 감염되다
He came down with pneumonia.
Down

PREVIEW

다음 문장을 읽고 전치사 down이 다음 a~f 중 어떤 의미로 쓰였는지 생각해보세요.

정답은 뒷면에서 확인하세요. ☞

1. About a month ago I fell **down** some steep stairs, landing on my bottom.
2. Whenever I open Wikipedia on my home laptop, it opens halfway **down** the page, so I have to scroll back to the top.
3. She looked **down** the road to see if someone would follow her.
4. In early May, rafts of ice came floating **down** the river.
5. Joe was asked to jot **down** potential ideas for a new stage musical.
6. The man gulped **down** the rest of his tea and went out.

a. along
b. written
c. swallowed
d. in a lower position
e. to a lower position
f. away from the place where a river starts

CHECK IT

1. About a month ago I fell **down** some steep stairs, landing on my bottom.
   약 한 달 전에 나는 가파른 계단에서 굴러 떨어져 엉덩방아를 찧었다.
(to a lower position)

2. Whenever I open Wikipedia on my home laptop, it opens halfway **down** the page, so I have to scroll back to the top.
   내가 집에 있는 노트북으로 위키피디아를 열 때마다 그 페이지 절반 아래쪽에서 위키피디아가 열려서 페이지 위쪽으로 스크롤을 해야 한다.
(in a lower position)

3. She looked **down** the road to see if someone would follow her.
   그녀는 누가 자기를 따라오는 건 아닌지 확인하려고 길가를 내다보았다.
(along)

4. In early May, rafts of ice came floating **down** the river.
   5월 초에 얼음장들이 강을 따라 떠내려 왔다.
(away from the place where a river starts)

5. Joe was asked to jot **down** potential ideas for a new stage musical.
   Joe는 무대 뮤지컬을 위한 가능한 아이디어들을 적어보라는 요청을 받았다.
(written)

6. The man gulped **down** the rest of his tea and went out.
   그 남자는 남은 차를 꿀꺽 마시고 밖으로 나갔다.
(swallowed)

① 보다 낮은 곳, 낮은 쪽으로

· I think they're sitting way up here **looking down** and they don't know what the heck is going on.
내 생각엔 그들이 이곳에서 앉아 내려 보며 그들이 무엇을 할 것인지 도대체 모를 것이다.

· I see a lot of people in the audience with tears **coming down** from their eyes.
나는 관객 중 많은 사람들이 그들의 눈에서 눈물을 흘리고 있는 것을 본다.

· One hundred fifty people were aboard when the jet **went down** in the Alps this morning.
오늘 아침 알프스에서 추락한 비행기에 150명이 승선하고 있었다.

② 길을 따라

· By this time, he was on his way **down the road** and all the other people were running to keep ahead of it.
이때쯤 그는 길을 따라 내려가고 있었고 다른 모든 일들은 앞서 가려고 달리고 있었다.

· Mary was walking **down a main street.**
메리는 주도로를 걸어 내려가고 있었다.

③ 앉다, 눕다와 함께

· I would eat and **lie down** a lot.
나는 먹고 나서 많이 눕는다.

· I would say the moment that we **sit down** and negotiate, everyone will explain his position.
나는 이 순간 우리가 앉아서 협상을 하며 모두가 각자의 입장을 설명하자고 말한다.

· The boys **were lying down** asleep next to each other in the backseat.
소년들은 뒷좌석에 죽 옆으로 누워 자고 있었다.

④ 종료, 완성의 의미

· She's going to **hunt me down** and blow my head off.
그녀는 나를 추적해 내 머리를 날릴 갓이다.

· They don't do that because they want to **close down** Guantanamo.
그들은 구안타나모를 폐쇠시키기를 원하기 때문에 그 것을 하지는 않는다.

· A public outcry led the government to **shut down** its sex ads.
대중들의 외침에 정부는 성광고를 금지시켰다.

⑤ 좀 더 적게

· You can use it to **slow it down** around plants and give them an extra drink.
너는 식물 주변에서 속도를 늦추는 데 그 것을 사용할 수 있고 식물에게 추가적인 물을 줄 수 있을 것이다.

· Many things are centralized and too bureaucratized. We need to **get more down** at the neighborhood, community level.
많은 것들이 중앙집중화 되어 있고 지나치게 관료적이다. 우리는 지역사회 수준으로 이웃수준으로 좀 더 가까워져야 한다.

· In the Reuters poll, we see he's **down** eight points.
로이터 여론 조사에서 우리는 그가 8% 내려간 것을 본다.

· I'm **down**, since March, about 50 pounds.
지난 3월 이후 난 50파운드가 줄었다.

⑥ 남쪽 방향으로

· It seems any one of the three of us were **down** in Mexico or further down in Latin America.
셋 중 하나 정도는 멕시코나 아님 더 아래 남미의 남쪽으로 갈 것 같다.
· When we were **down** in the Gulf states, I made a pledge to the survivors.
우리가 걸프 국가의 남쪽에 있을 때 난 생존자들에게 맹세를 했다.

⑦ 사람이나 사물에 대해 좋지 않은 태도를 가지고 있는

· She's very upset. You shouldn't **be so down on** her.
그녀는 매우 화가 나 있다. 넌 그녀를 그렇게 내려 보면 안된다.

⑧ 종이나 책에 무엇인가를 씀

· My husband **had written down on** his terms that he wanted the two dogs along with his cars.
내 남편은 2마리의 개와 자신의 자동차들을 원한다는 자신의 조건을 적었다.

⑨ 질병에 감염되다

· He **came down with** pneumonia.
그는 폐결핵에 걸렸다.
· She's **gone down** with flu.
그녀는 감기에 걸렸다.

코카세션

‘질병 또는 감기에 감염되다’와 같은 표현은 ‘동사+down+with+명사’와 같은 구조를 가졌다. 더 많은 사례를 찾기 위해 아래 그림 20과 같은 검색을 해 보았다.

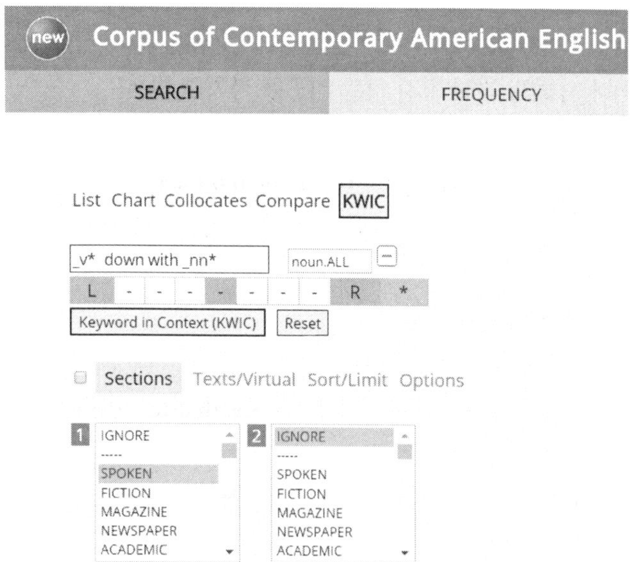

<그림 20> ‘동사+down+with+명사’ 구의 검색창

출력된 사용 사례문 중 ‘질병에 감염되다’라는 표현은 앞의 9번째 영역 사례문과 같이 come down with와 go down with, 단 2개로 확인이 되었다. 질병명만 추가로 익힐 수 있을 것이다. KWIC방식으로 제시한다.

1. by the age of 40, 45, they may **come down with a debilitating disease.** 쇠약하게 하는 질병
2. When one member of the group recently **came down with a sore throat** 편도선염

3. And a load of people **went down with diarrhea.**설사
4. we had two people **come down with hypothermia** 저체온증
5. when Joanne **came down with laryngitis** this week,
6. When I was 4-years-old, I **came down with pneumonia** and I hallucinated 폐렴
7. a majority of first-responders **have come down with respiratory ailments.** 호흡기 질환

다음으로 종료, 완성을 의미하는 전치사 'down'의 사용 사례를 더 찾기 위해 '동사+down+명사' 구 검색을 리스트 방식으로 출현시켜 상위 50위까지 제시하면 아래와 같다. 모두 구동사로 볼 수 있을 듯하다.

1	BRING DOWN COSTS	28
2	CLOSING DOWN SHOP	23
3	PAY DOWN DEBT	15
4	PUT DOWN ROOTS	15
5	PAYING DOWN DEBT	13
6	SHUT DOWN GOVERNMENT	13
7	BREAK DOWN BARRIERS	11
8	KNOCKED DOWN TREES	10
9	BREAKING DOWN BARRIERS	9
10	CUTTING DOWN TREES	9
11	HOLD DOWN PRICES	9
12	HUNT DOWN TERRORISTS	9
13	CLOSE DOWN GUANTANAMO	8
14	LAY DOWN ARMS	8
15	SHUT DOWN OPERATIONS	8
16	CUT DOWN TREES	7
17	SHUTTING DOWN GOVERNMENT	7

18	TRACK DOWN PEOPLE	7
19	HAS DOWN SYNDROME	6
20	HOLD DOWN COSTS	6
21	KNOCKING DOWN DOORS	6
22	KNOCKING DOWN TREES	6
23	SHOOT DOWN MISSILES	6
24	SHOOTING DOWN PLANES	6
25	SHUT DOWN PARTS	6
26	BRING DOWN HEALTH	5
27	BRING DOWN PRICES	5
28	BRING DOWN TAXES	5
29	DRAW DOWN TROOPS	5
30	DRIVE DOWN PRICES	5
31	JOTTING DOWN NOTES	5
32	PUTTING DOWN PEOPLE	5
33	PUTTING DOWN ROOTS	5
34	SHOOT DOWN PASSENGER	5
35	SHUT DOWN AIR	5
36	SHUT DOWN PRODUCTION	5
37	SHUT DOWN SCHOOLS	5
38	SHUT DOWN TRAFFIC	5
39	SIT DOWN FACE	5
40	TRACK DOWN TERRORISTS	5
41	TRICKLE DOWN ECONOMICS	5
42	BRING DOWN COMMUNISM	4
43	BRING DOWN PLANES	4
44	BRINGING DOWN COSTS	4
45	BROUGHT DOWN TWA	4
46	CALM DOWN PILL	4

47	CLOSING DOWN GUANTANAMO	4
48	GO DOWN MEMORY	4
49	GOING DOWN ANYTIME	4
50	GONE DOWN HILL	4

EXERCISE 25 (UP, DOWN, UNDER, WITH)

다음 문장의 의미에 적절한 전치사를 골라보세요.

정답은 뒷면에서 확인하세요. ☞

1. A public outcry led the government to shut [down / under] its ads.

2. I didn't want to contemplate the patience required to clean [up / down] an abandoned hut.

3. If you have to split [with / up] money between a group of people, you might want to divide the amount of money by the number of people there are.

4. The man gulped [down / with] the rest of his tea and went out.

5. I could put a tooth [down / under] my pillow and get a quarter.

6. The risk of cancer increases [up / with] the number of cigarettes you smoke.

7. Her voice shot [up / with] a few more decibels.

8. He explains his method for cutting [up / down] trees that are leaning, or that may possibly fall in an unpredictable direction.

ANSWERS: EXERCISE 25 (UP, DOWN, UNDER, WITH)

1. A public outcry led the government to shut [down] its ads.
   대중들의 외침에 정부는 광고를 중단했다.

2. I didn't want to contemplate the patience required to clean [up] an abandoned hut.
   나는 버려진 오두막을 깨끗이 청소하는 데 필요한 인내심을 미리 고려하고 싶지는 않았다.

3. If you have to split [up] money between a group of people, you might want to divide the amount of money by the number of people there are.
   한 무리의 사람들 간에 돈을 나누어 주려면, 돈의 양을 사람의 수로 나누고자 할 것이다.

4. The man gulped [down] the rest of his tea and went out.
   그 남자는 남은 차를 꿀꺽 마시고 밖으로 나갔다.

5. I could put a tooth [under] my pillow and get a quarter.
   나는 베개 아래 이를 놓고 25센트를 받을 수 있을 것이다.

6. The risk of cancer increases [with] the number of cigarettes you smoke.
   암 위험율은 당신이 피우는 담배의 수에 따라 증가한다.

7. Her voice shot [up] a few more decibels.
   그녀의 목소리는 몇 데시벨 더 높였다.

8. He explains his method for cutting [down] trees that are leaning, or that may possibly fall in an unpredictable direction.
   그는 기울어지고 있는 나무나 예측불가능한 방향으로 쓰러질지 모르는 나무들을 베어내는 자신의 방법을 설명한다.

EXERCISE 26 (UP, DOWN, UNDER)

전치사 up과 down 중에서 하나를 골라 다음 문장의 의미가 가장 잘 통하도록 완성해보세요.

정답은 뒷면에서 확인하세요. ☞

1. We've used ____ nearly all our savings on Mom's liver transplant and other treatments.

2. His family lived seven miles ____ a canyon.

3. About a month ago I fell ____ some steep stairs, landing on my bottom.

4. We have to bring ____ taxes, but before we do anything, simplify it. Make it nice and easy for people to understand, and reduce taxes.

5. The old man fell ____ the wheels of the truck, but he suffered only minor injuries.

6. The boys saw something glittering ____ the water and shouted.

7. Heavy rains bring ____ prices of pulses.

8. Oncologists on Sunday stressed the importance of bringing ____ the prices of cancer drugs in order to make them affordable to all sections of the society.

ANSWERS: EXERCISE 26 (UP, DOWN, UNDER)

1. We've used [up] nearly all our savings on Mom's liver transplant and other treatments.
   우리는 엄마의 간 이식과 기타 치료에 거의 모든 저축을 써버렸다.

2. His family lived seven miles [up] a canyon.
   그의 가족은 계곡 7마일 위쪽 살았었다.

3. About a month ago I fell [down] some steep stairs, landing on my bottom.
   약 한 달 전에 나는 가파른 계단에서 굴러 떨어져 엉덩방아를 찧었다.

4. We have to bring [down] taxes, but before we do anything, simplify it. Make it nice and easy for people to understand, and reduce taxes.
   세금을 내려야 한다. 하지만 그렇게 하기 전에 단순화시켜야 한다. 사람들이 이해하기 아주 쉽게 만든 다음 세금을 내려야 한다.

5. The old man fell [under] the wheels of the truck, but he suffered only minor injuries.
   노인은 트럭 바퀴 밑으로 넘어졌지만 경미한 부상을 입었을 뿐이었다.

6. The boys saw something glittering [under] the water and shouted.
   소년들은 물 아래에서 무언가가 반짝거리는 것을 보고 소리를 질렀다.

7. Heavy rains bring [down] prices of pulses.
   비가 세게 내리면 콩 가격은 하락한다.

8. Oncologists on Sunday stressed the importance of bringing [down] the prices of cancer drugs in order to make them affordable to all sections of the society.
종양학자들은 일요일, 사회의 모든 지역의 사람들에게 구매가 가능하도록 하기 위해 암 치료약의 가격을 낮추는 것의 중요성을 강조했다.

민덕기
청주교육대학교 영어교육과 교수

약력
서울교육대학 졸업, 미국 펜실베니아 주립대학교 대학원 졸업(영어교육, 박사)

서울특별시 공립초등학교 교사, 한국초등영어교육학회(KAPEE) 편집부회장 역임,
한국멀티미디어언어교육학회 부회장 역임

저서
영어어휘학습을 위한 코퍼스 및 사전활용, 초등영어수업방법의 원리와 실제(공저),
제7차 초등영어 국정교과서 및 지도서(공저)

김현진
청주교육대학교 영어교육과 교수

약력
고려대학교 영어교육과 졸업, 고려대학교 대학원 영어교육 박사, 현대영어교육학회 부회장
PAAL(범태평양응용언어학회) 학회장, 초등영어교육학회 편집위원, EBS 수능완성 감수

저 · 역서
초등영어 어떻게 가르칠까(2017, 한국학술정보), 주제중심 통합 영어교육(2000, 도서출판 동인), 영어교과교육 핵심 의사소통 활동책(2015, 공저, 한국문화사), 영어교육 연구방법(2014, 공저, 한국문화사), 영어 수업지도안 작성의 이론과 실제(2014, 공저, 한국문화사), 드라마를 활용한 영어교육(2009, 공역, 도서출판 동인), 영어교육의 이론과 실제(교사를 위한)(2004, 공역, 경문사), 영어학습전략(2003, 공역, 교보문고), 초등영어 3,4학년 교과서 및 교사용 지도서(2014, 대교출판사), 중학교 영어 1,2,3학년 교과서 및 지도서(2013, 미래엔), 초등영어 3학년 교과서 및 교사용 지도서(2011, 한솔교육), 고등학교 영어 1,2,3학년 교과서 및 교사용 지도서(2009, 성안당)

코퍼스로 길들이는 전치사

발행일 : 2017년 1월 23일 초판 인쇄
2017년 2월 1일 초판 발행

저 자 : 민덕기 · 김현진
발행인 : 정 영 기
발행처 : 한빛문화
서울특별시 성동구 독서당로 51길 14-6
02) 2291-9761

ISBN 979-11-86778-17-3 93740

정 가 : 15,000원